Raclette

Heißer Stein & Waffeleisen

Cornelia Adam

Raclette
Heißer Stein & Waffeleisen

Gestaltung der Bildseiten: FoodPhotography Eising

Weltbild

Inhaltsverzeichnis

Vorwort

Was gibt es Schöneres, als mit netten Leuten einen ungezwungenen, fröhlichen Abend daheim zu verbringen und in gemütlicher Runde etwas Delikates zu essen? Doch oftmals ist es die Angst vor der eigenen Courage, die einen daran hindert, Gäste ins Haus einzuladen. Man fürchtet sich vor dem großen Aufwand, vor dem Mißlingen eines mehrgängigen Menüs und nicht selten vor allzu kritischen Gästen.
Wenn Sie auch zu den ängstlichen Köchen gehören, sollten Sie sich unbedingt ein Raclettegerät oder einen Heißen Stein anschaffen. Denn damit können Sie schon mit so einfachen Zutaten wie Käse, Kartoffeln, Gemüse, Wurst, Dips und Saucen selbst verwöhnte Gäste zufriedenstellen. Denn Sie brauchen nur alles liebevoll vorzubereiten, zu portionieren und anzurichten. Der Aufwand für Planung, Einkauf und Vorbereitung ist gering, die Geselligkeit und der Spaß, den Sie damit erzielen, sind groß. Denn sind die Vorarbeiten erst einmal erledigt, hat der(die) Gastgeber(in) nichts mehr zu tun! »Gekocht« wird am Tisch gemeinsam, jeder Gast stellt sich sein Essen aus den bereitgestellten Zutaten selbst zusammen. Ein anregendes Gesellschaftsessen nimmt seinen Anfang, bei dem die Möglichkeiten zu variieren schier unerschöpflich sind – ob man nun Fleisch, Fisch und Gemüse auf dem Heißen Stein minutenschnell brät oder vereint den Käse im Raclettegerät schmilzt. Sie können mit Ihren Gästen plaudern und das Essen in aller Ruhe genießen, ohne zwischendurch in die Küche eilen zu müssen, um den nächsten Gang fertigzustellen und zu servieren.
Selbst die Vorspeise – beispielsweise eine leichte Fisch- oder Gemüseterrine oder eine kräftige Bouillon – läßt sich bequem am Vortag zubereiten. Dazu ein guter Wein oder ein kühles Bier – und die Brutzel-Party ist perfekt!
Und der Clou: Lassen Sie das Gesellschaftsessen mit einem fröhlichen Waffelbacken ausklingen! Bereiten Sie dafür drei verschiedene Teige vor – sie müssen ohnehin quellen – und stellen Sie verschiedene Beilagen wie Kompott, Joghurt, Zimtzucker und Eiscreme neben das elektrische Waffeleisen. Jeder bäckt sich seine Waffel zum Abschluß selbst und kombiniert sie nach persönlichem Geschmack mit den bereitgestellten Zutaten. Sie werden sehen: Das heizt auch noch die Stimmung an!
Informationen über Waffeleisen, Raclettegeräte und Heiße Steine finden Sie auf den Seiten 8–15, 48–53, 86–93, außerdem viele Anregungen und Tips für das Gelingen einer Party.

1986
HATEAU TUDIN
BORDEAUX
APPELLATION BORDEAUX CONTRÔLÉE
1990
GÉROMIN

Viele Köche verderben das Essen – dieses Sprichwort hat beim Raclette, dem traditionellen Käsegericht aus dem Wallis, keine Gültigkeit. Im Gegenteil: Das variantenreiche Spiel mit dem kleinen Pfännchengrill bereitet allen großes Vergnügen. Freunde, Bekannte, Gastgeber, Kinder, jeder Tischgast ist sein eigener Koch und kann auf seinem Pfännchen brutzeln, schmelzen, überbacken und würzen, was ihm gefällt: Schweinefilet, Deftiges wie Speck, Schinken, Bündner Fleisch oder Salami, Feines wie Garnelen oder zartes Fischfilet, Frisches vom Markt, Gemüse, Kräuter, Obst oder pikant Eingelegtes. Käse darauf, darunter oder dazwischen, scharf gewürzt oder mit Kräutern und Pellkartoffeln kombiniert oder einfach nur ein Stück Brot dazu, alles ist erlaubt. Und sei es nur ein Ei, das sich einer in die Pfanne schlägt und als Spiegelei mit Salz und Pfeffer serviert. Der Phantasie sind keine Grenzen gesetzt, jeder kann nach Lust und Laune ausprobieren, was ihm am besten schmeckt. Und gerade das macht in geselliger Runde so viel Spaß: nach persönlichem Geschmack zu experimentieren, neue Käse-Rezepte zu entwickeln und gemeinsam zu schlemmen. Zudem bedarf es keiner großen Kochkünste, denn alle Raclettevarianten sind einfach und schnell zubereitet. Selbst für die Gastgeberin ist der Arbeitsaufwand gering: ein gut geplanter Einkauf, etwas Schnippelarbeit, eventuell ein bißchen Vorgaren, Tisch decken, fertig. Stehen die vorbereiteten Zutaten erst einmal bereit, können die Gäste schon Platz nehmen. Auch die Einladende kann in Ruhe am Tisch kochen und backen, ohne nach jedem Gang in die Küche eilen zu müssen.

Raclette – ein uraltes Prinzip

Nach der Überlieferung gelang die Entdeckung des Raclettes durch einen glücklichen Zufall: Es war einmal eine Gruppe von Holzfällern, die hatten jeder nur noch ein Stück Käse zu essen. Weil dieser aber sehr hart war und sich nicht mehr so recht beißen ließ, spießten sie ihn auf Stöcke und brieten ihn im offenen Feuer, bis er rundum goldgelb und die äußere Schicht cremig geschmolzen war. Eine schlichte Mahlzeit aus den französisch-schweizerischen Alpen, die längst die ganze Welt erobert hat! Auch heute noch bereitet man Raclette in seiner Heimat, dem Schweizer Wallis, in der Urform zu: Ein halber Laib Raclette- oder Gomser Käse wird in einer speziellen Halterung so lange vor das offene Kaminfeuer gehalten, bis der Käse an der Schnittfläche schmilzt und mit einem Holzschaber oder großen Messer leicht auf heiße Teller abgeschabt werden kann. Daher der Name: Raclette kommt vom französischen »racler«, was abschaben oder abstreichen bedeutet. Zum Ur-Raclette serviert man Pellkartoffeln, Gewürzgurken und Perlzwiebeln, in manchen Gegenden auch etwas Wurst oder Schinken. Heute brauchen Sie für ein Raclette nicht gleich ein Feuer zu entfachen – mit einem elektrischen Raclettegerät kann man den Käse bequem schmelzen.

Französischer Raclettekäse
Büffel-Mozzarella
Appenzeller
Schweizer Emmentaler
Camembert
Camembert
Roquefort
Mittelalter Gouda
Tilsiter

Das richtige Zubehör

Ein großes, elektrisches Raclettegerät kommt der ursprünglichen Form der Zubereitung am nächsten: Gleich ein halber Käselaib wird in die Halterung geklemmt und durch elektrische Heizspiralen gleichmäßig erhitzt. Sobald der Käse am Anschnitt weich wird, schabt man die Schmelzfläche mit einem speziellen Messer ab oder mit einem Holzlöffel oder -spatel. Während der erste Gast seine Käseportion genießt, wird die nächste Schicht geschmolzen. Die Anschaffung dieses speziellen Raclette-Ofens lohnt sich jedoch nur, wenn Sie häufig viele Gäste empfangen. Ansonsten können Sie Raclette am Stück auch gut über einem Elektro- oder Holzkohlengrill zubereiten. Dazu den Käse auf eine große Grillgabel stecken und nahe an die Hitzequelle bringen.
Wer kein Tischgerät für Portionsraclette kaufen will, kann Raclette auch im Backofen zubereiten: Die Käsescheiben auf einen feuerfesten Teller legen und kurz unter den vorgeheizten Grill schieben oder bei starker Oberhitze auf der oberen Schiene backen. Der Käse soll möglichst schnell schmelzen.
Für die kleine Tafelrunde reicht das eigens dafür entwickelte Raclettegerät, das oft mit einem Tischgrill kombiniert ist. Sie können es in runder, ovaler oder eckiger Form kaufen. Unter der emaillierten oder antihaftbeschichteten Grillplatte befinden sich die elektrischen Heizspiralen und die Einschuböffnungen für vier, sechs oder acht Pfännchen, von denen jeder Tischgast eines bekommt. Wer häufig mehrere Gäste hat, sollte sich eine zweite Garnitur Pfännchen anschaffen. Denn dann entfallen lange Wartezeiten: Während das eine Pfännchen im Raclette-Ofen brutzelt, kann der Inhalt des anderen gegessen werden. Die Abdeckhaube ist vielseitig einsetzbar – zum Aufbacken von Brot, zum Warmhalten von Pellkartoffeln und anderen, zum Überbacken geeigneten Zutaten. Bei Geräten mit integrierter runder Fläche lassen sich darauf Crêpes backen, bei Ausführungen mit mehrstufigem Thermostat sogar Steaks grillen.
Wer zur Abwechslung Zutaten auf dem Heißen Stein grillen möchte, liegt mit einem kombinierten Raclette-Steingrill genau richtig. Holzspatel dienen dazu, die gratinierten Speisen aus dem Pfännchen auf den Teller zu schaben.

Für die gemütliche Runde: Jeder Gast schmilzt seinen Käse selbst in Portionspfännchen im Raclettegerät.

Doppeltes Eß-Vergnügen: Mit dem Kombigerät können Sie Raclette zubereiten oder auf dem Heißen Stein grillen.

Die richtige Pflege

Die Pfännchen sind meist beschichtet, damit nichts anhängen kann. Achten Sie darauf, daß niemand mit dem Messer oder der Gabel in seinem Pfännchen kratzt oder schneidet, sonst wird die Beschichtung verletzt. Erst nach dem Essen die Pfännchen abwaschen, je nach Hersteller sind sie auch spülmaschinenfest.
Bevor Sie den Raclettegrill reinigen, unbedingt den Netzstecker herausziehen! Das Gerät niemals komplett ins Wasser tauchen, sondern nur mit einem feuchten Lappen ausreiben. Die Abdeckplatte läßt sich abmontieren und separat waschen oder in der Spülmaschine reinigen.

Für die große Gästeschar:
Im speziellen Schmelzapparat können Sie gleich einen halben Käselaib an der Schnittfläche erhitzen.

So geht's: Ur-Raclette mit dem Pfännchengrill

1. Den Raclettekäse in etwa ½ cm dicke Scheiben schneiden – am besten geht das mit einem Käseschneider – und diese in Größe der Raclettepfännchen zurechtschneiden, also etwa quadratisch. Auf einer Platte anrichten.

2. Während die Pellkartoffeln kochen, das Raclettegerät auf den Tisch stellen und etwa 10 Minuten vorheizen, damit es die Pfännchen mit gleichmäßiger Hitze »bestrahlt.«

3. Cornichons, Silberzwiebeln, eingelegte Maiskölbchen in Schälchen und Salami auf einem Teller um das Raclettegerät herum anrichten. Salz, Pfeffer und Paprikapulver dazustellen.

4. Die Kartoffeln abgießen, in eine hitzebeständige Schüssel füllen und auf der Abdeckplatte des Raclettegeräts warm halten. Nach Belieben auch etwas Weißbrot oder Toast darauf rösten.

5. In jedes Pfännchen 1 Scheibe Käse legen und die Pfännchen in die Einschuböffnungen des Geräts schieben. Während der Käse cremig schmilzt – das dauert 3–4 Minuten –, die Kartoffeln pellen und in Scheiben schneiden.

6. Den geschmolzenen Käse mit einem Holzspachtel über die Kartoffelscheiben auf den Teller schaben, eventuell würzen und mit den pikanten Beilagen essen.

Raclette-Partys bestens vorbereiten

Liebe Gäste mit einer sättigenden und zugleich gemütlichen Mahlzeit verwöhnen – das ist beim Raclette mit einem Minimum an Arbeits- und Zeitaufwand möglich. Das Wichtigste: Planen Sie Ihren Einkauf präzise – pro Person rechnet man etwa 200 g Käse und 200 g Pellkartoffeln und eventuell noch etwas Stangenweißbrot oder deftiges Bauernbrot. Alle anderen Zutaten brauchen Sie nur in kleinen Mengen, je größer die Vielfalt, desto weniger. So ein Eßtisch, vorbereitet für die Raclette-Party, sieht sehr einladend aus: In die Mitte kommt das Raclettegerät, drumherum in Schälchen und Schüsseln, auf Platten und Tellern viele bunte Zutaten zum Überbacken, alles in kleine Portionen geschnitten und fertig vorbereitet. Gewürze, Gewürzsaucen und gehackte Kräuter finden dazwischen ein Plätzchen. Jeder Gast erhält einen vorgewärmten Eßteller, ein oder zwei Pfännchen mit Holzspatel, Messer und Gabel. Stellen Sie außerdem vor jeden Platz einen kleinen Teller oder ein Brettchen, auf dem jeder seine Raclettepfännchen zum erneuten Füllen ablegen kann. Als Vorspeise können Sie einen knackigen grünen Salat servieren, danach ein leichtes Dessert wie Fruchtsalat, Sorbet oder einfach frische Früchte. Zum Raclette trinkt man am besten Wein, je nach Auswahl der Zutaten einen trockenen Weißwein oder Rosé, es schmeckt aber auch Bier dazu. Kenner empfehlen heißen schwarzen Tee, weil er angeblich ebenso die Bekömmlichkeit steigert wie ein Gläschen Schnaps zum Abschluß.

Das paßt zum Raclette

Wenn Sie sich nicht an ein bestimmtes Rezept halten, können Sie alles auf den Tisch stellen, was sich zum Überbacken mit Käse eignet: Fleisch, Wurst, Fisch und Meeresfrüchte, Geflügel, Gemüse oder Obst. Allerdings sollten Sie beim Einkaufen, Vor- und Zubereiten einige Regeln beherzigen:
Fleisch: Wählen Sie bevorzugt zum Kurzbraten geeignetes Fleisch, also Filet oder Lende von Rind, Schwein, Kalb und Lamm, auch Innereien wie Leber, Nieren und Herz. Fleisch säubern, von Sehnen und überstehendem Fett befreien und in Scheibchen schneiden, größere Stücke vorgaren.
Geflügel: Besonders empfehlenswert ist das zarte Brustfleisch von Hähnchen oder Truthahn. Gleich alles in kleine Portionen schneiden und eventuell auf dem Herd vorgaren.
Wurst und Schinken: Salami, Cabanossi, grobe und feine Würste, roher und gekochter Schinken, Bündner Fleisch oder durchwachsener Räucherspeck sorgen für kräftigen Geschmack. In Scheiben, Würfel oder feine Streifen schneiden.
Fisch und Meeresfrüchte: Fischfilets aller Art, kleine ganze Fische wie Sardinen, auch geräucherter Fisch wie Lachsfilet oder Makrele und eingelegter Thunfisch harmonieren ebenso mit Käse wie Scampi, Garnelen, Nordseekrabben und Muscheln. Je nach Größe pfannenfertig vorbereiten.
Eier: Für alle, die gerne Spiegel- oder Rührei essen.
Gemüse: Geeignet sind alle Sorten, die roh in kurzer Zeit garen oder vorher kurz in sprudelnd kochendem Wasser blanchiert wurden. Achten Sie darauf, daß Sie das Gemüse in etwa gleich große Stücke schneiden, damit alles gleichmäßig gart. Zum Beispiel: frische Sojasprossen ganz lassen, Champignons, Frühlingszwiebeln, Lauch, Zucchini, Stangensellerie und Tomaten in Scheiben schneiden, Paprikaschoten und Fenchel in feine Streifen oder Würfel teilen. Spinat, Chicorée und Chinakohl mundgerecht zerpflücken und nach Belieben kurz blanchieren. Wenn Sie Möhren und Knollensellerie in feine Scheiben oder Streifen schneiden, können Sie sie direkt im Pfännchen garen. Dickere Stücke müssen Sie ebenso vorkochen wie die Röschen von Broccoli, Blumenkohl, Romanesco oder Spargelstücke.
Obst: Äpfel, Birnen, Pfirsiche, Aprikosen, Weintrauben und Ananas schmecken besonders gut zum Raclette. Je nach Sorte in schmale Spalten oder Stücke schneiden. Äpfel und Birnen sofort mit etwas Zitronensaft beträufeln, damit sie nicht braun werden.
Pikantes: Mixed Pickles, Cornichons, eingelegte Silberzwiebeln und Maiskölbchen gehören unbedingt dazu, nach Gusto auch Oliven und Peperoni.
Kräuter: Petersilie, Schnittlauch, Dill, Basilikum, Thymian, Rosmarin, Salbei, Kresse und andere Kräuter, fein gehackt oder als Sträußchen dazustellen.
Gewürze: Salz, Pfeffer, Paprikapulver, Schalotten und Knoblauch runden den Geschmack ab.
Sahne: Crème fraîche oder Crème double zum Verfeinern reichen.
Käse: Gomser oder Val-de-Bagne sind bekannte Raclette-Käsesorten aus der Schweiz, die aber oft einfach als »Raclette-Käse« verkauft werden. Genauso heißt ein französischer Käse, der preiswerter und im Geschmack fein-würziger ist. Zur Abwechslung können Sie auch andere Käse dazu servieren, beispielsweise Appenzeller, Emmentaler, Gouda, Tilsiter, Camembert, Edelpilzkäse wie Roquefort oder Gorgonzola, auch Mozzarella ist geeignet. Andere Käse mit einem Fettgehalt von über 45 % sind ebenfalls ideal zum Schmelzen. Den Käse nach Belieben in Scheiben schneiden, würfeln, raspeln oder reiben.
Beilagen: Pellkartoffeln, Stangenweißbrot, kräftiges Vollkornbrot zum Raclette servieren.

Raclette für Experimentierfreudige

Jeder füllt sein Pfännchen nach persönlichem Geschmack, belegt die Zutaten mit Käse und grillt sie, bis der Käse cremig schmilzt. Hier einige Vorschläge, welche Zutaten Sie gut kombinieren können: Kräftig und deftig schmeckt's mit Cornichons, kleinen Paprikawürfeln und würzigen Schalotten. Fruchtig und ungewöhnlich wird's mit Aprikosenspalten, zarten Spinatblättern, gerösteten Weißbrotwürfeln und Schnittlauch. Fein und leicht gelingt das Raclette mit frischen Garnelen, Frühlingszwiebeln, halbierten Kirschtomaten und vielerlei Kräutern.

Eine herzhaft-deftige Version

So schmeckt's fruchtig und ungewöhnlich

Fein und leicht für Linienbewußte

Übrigens: Die Rezepte für Raclette sind so berechnet, daß 4 Personen je 2 Pfännchen füllen können. Damit alle Gäste wirklich satt werden, sollten Sie mehrere Rezepte auswählen und vorbereiten.

Tips rund ums Raclette

- Vorgewärmte Eßteller erhöhen das Eßvergnügen. Erhitzen Sie die Teller vor dem Essen im Backofen bei 75° (Gas: niedrigste Stufe).
- Die Abdeckplatte des Tischgerätes wird im Laufe der Zeit sehr heiß. Deshalb die Kartoffeln zum Warmhalten in eine feuerfeste Form oder Schale füllen. Bei Weißbrot oder Toast, die man zum Aufbacken direkt darauf legt, muß man aufpassen – sie können anbrennen.
- Die Rinde des Raclette-Käses vor dem Aufschneiden nur abreiben, aber nicht wegschneiden, da sie den einzelnen Scheiben Stabilität verleiht. Zudem wird sie beim Schmelzen leicht krustig und wegen ihres Röstaromas von Feinschmeckern besonders geliebt.
- Kräuter, die gehackt werden, immer erst kurz vor dem Essen zerkleinern, damit ihr Aroma nicht verfliegt.
- Sparsam mit Salz würzen! Käse, Schinken und Wurst enthalten bereits genügend davon.

Wichtiger Hinweis

Das Kochen bei Tisch erfordert eine Hitzequelle, die sicher aufgestellt und sorgsam beobachtet werden muß. Das Raclette-Gerät muß den allgemeinen Sicherheitsbestimmungen entsprechen, und das Kabel muß so gesichert sein, daß man nicht daran hängen bleibt. Die Hinweise zum Umgang mit dem Gerät in der Bedienungsanleitung sollten aufmerksam gelesen und befolgt werden. Während das Gerät in Betrieb ist, keinesfalls die Abdeckplatte mit den Händen anfassen – Verbrennungsgefahr! Vor dem Reinigen unbedingt den Netzstecker ziehen.

TEFAL

Pikantes Schweinefilet

Zutaten für 4 Personen:
600 g Schweinefilet
3 Eßl. Öl
Salz
schwarzer Pfeffer, frisch gemahlen
2 Eßl. Dijonsenf
1 Bund Frühlingszwiebeln
200 g Appenzeller in Scheiben

Herzhaft

Pro Person etwa: 2200 kJ/520 kcal

Zubereitungszeit: etwa 40 Minuten

1. Das Schweinefilet von Häutchen und Sehnen befreien, kalt abspülen und trockentupfen. Das Fleisch quer zur Faser in etwa 1 cm dicke Scheiben schneiden.

2. 2 Eßlöffel Öl in einer Pfanne erhitzen und die Schweinemedaillons darin etwa 4 Minuten bei mittlerer Hitze braten, zwischendurch einmal wenden.

3. Das Fleisch aus der Pfanne nehmen, salzen, pfeffern, auf einer Seite mit dem Senf bestreichen und auf einer Platte anrichten.

4. Das Raclettegerät vorheizen.

5. Die Frühlingszwiebeln putzen, waschen und in feine Ringe schneiden. In ein Schälchen füllen.

6. Den Appenzeller entrinden und auf einem Teller bereitstellen.

7. Die Raclettepfännchen mit dem restlichen Öl einpinseln. Je nach Größe 2–3 Schweinemedaillons hineinlegen und einige Frühlingszwiebeln drumherum streuen.

8. Mit je 1 Scheibe Appenzeller belegen und im Raclettegerät in etwa 10 Minuten goldgelb überbacken.

Rinderfilet mit Bananen und Käsecreme

Zutaten für 4 Personen:
600 g Rinderfilet
2 Eßl. Öl
Salz
schwarzer Pfeffer, frisch gemahlen
1 Eßl. Currypulver
2 Bananen
1 Eßl. Zitronensaft
4 Eßl. Rosinen
Für die Käsecreme:
3 Eßl. Butter
1 kleine Zwiebel
2 Eßl. Mehl
150 g Sahne
100 g Emmentaler, frisch gerieben
Salz
Muskatnuß, frisch gerieben

Exklusiv

Pro Person etwa: 2600 kJ/620 kcal

Zubereitungszeit: etwa 45 Minuten

1. Das Rinderfilet waschen, trockentupfen, von allen Häutchen und eventuellen Fettresten befreien und quer zur Faser in etwa 1 cm dicke Scheiben schneiden.

2. Das Öl in einer Pfanne erhitzen und die Filetscheiben darin von jeder Seite etwa 1 Minute bei starker Hitze anbraten. Herausnehmen, salzen, pfeffern und mit der Hälfte des Currys bestäuben. Die gewürzten Rinderfilets nebeneinander auf eine Platte legen.

3. Die Bananen schälen, in etwa 1 cm dicke Scheiben schneiden und sofort mit dem Zitronensaft beträufeln, damit sie sich nicht braun verfärben. Den restlichen Curry darüber stäuben und die Bananen mit den Rosinen auf einem Teller anrichten. Das Raclettegerät vorheizen.

4. Für die Käsecreme die Butter in einem kleinen Topf schmelzen. Die Zwiebel schälen, fein würfeln und in der Butter bei schwacher Hitze etwa 5 Minuten dünsten. Das Mehl darüber stäuben und unter Rühren die Sahne zugießen. Alles aufkochen lassen und den geriebenen Käse einstreuen. Weiterrühren, bis sich der Käse aufgelöst hat. Die Käsecreme mit Salz und Muskat abschmecken und noch warm zu Tisch bringen.

5. Das Rinderfilet mit den Bananen und den Rosinen in den Raclettepfännchen verteilen und mit der Käsecreme überziehen. Im Raclettegerät etwa 10 Minuten überbacken.

Frikadellen mit Kirschtomaten

Zutaten für 4 Personen:
1 Brötchen vom Vortag
1 kleine Zwiebel
1 Eßl. Butter
500 g gemischtes Hackfleisch
1 Ei
2 Eßl. gerösteter Sesam
1 Eßl. Dijonsenf
Salz
schwarzer Pfeffer, frisch gemahlen
Paprikapulver, edelsüß
3 Eßl. Öl
250 g Kirschtomaten
200 g Emmentaler in Scheiben

Preiswert

Pro Person etwa: 2900 kJ/690 kcal

Zubereitungszeit: etwa 45 Minuten

1. Das Brötchen in etwas kaltem Wasser einweichen. Die Zwiebel fein würfeln. Die Butter erhitzen und die Zwiebel darin weich dünsten.

2. Das Hackfleisch mit dem Ei, dem Sesam, dem ausgedrückten Brötchen und der Zwiebel verrühren. Die Mischung mit dem Senf, Salz, Pfeffer und Paprikapulver kräftig würzen, gut durchkneten und nochmals abschmecken.

3. Daraus etwa 32 tischtennisballgroße Kugeln formen und etwas flachdrücken. Das Öl in einer Pfanne erhitzen und die Frikadellen darin portionsweise bei mittlerer Hitze pro Seite etwa 4 Minuten braten.

4. Das Raclettegerät vorheizen. Die Tomaten waschen, falls nötig, vom Stielansatz befreien und halbieren.

5. Die Frikadellen mit den Kirschtomaten in den Raclettepfännchen verteilen. Mit je 1 Scheibe Käse belegen und im Raclettegerät überbacken, bis der Käse zu schmelzen beginnt.

Speck-Käse-Knacker

Zutaten für 4 Personen:
4 Knackwürste
150 g Emmentaler am Stück
150 g durchwachsener Speck
(etwa 16 dünne Scheiben)

Preiswert · Schön für Kinder

Pro Person etwa: 2700 kJ/640 kcal

Zubereitungszeit: etwa 25 Minuten

1. Die Knackwürste häuten, einmal längs und einmal quer halbieren. In die runde Seite mit einem scharfen Messer jeweils etwa fünf 2–3 cm lange Schlitze schneiden.

2. Den Käse entrinden, erst in etwa ½ cm dicke Scheiben, dann in etwa 2 cm lange Stifte schneiden. Die Käsestifte igelartig in die Schlitze der Knackwürste stecken. Das Raclettegerät vorheizen.

3. Den Speck von der Schwarte befreien und je 1 Scheibe zusammengeklappt auf den Boden der Raclettepfännchen legen.

4. Die gespickten Knackwürste mit der Schnittfläche auf die Speckscheiben setzen. Im Raclettegerät 10–15 Minuten überbacken, bis die Käsestifte schmelzen.

■ Dazu passen Kartoffelsalat und eine Sauce aus 125 g passierten Tomaten, die mit 1 Teelöffel scharfem Senf und 4 Eßlöffeln Magerquark gut verrührt werden. Gewürzt wird die Sauce mit Salz, Pfeffer und 2 Teelöffeln frischem oder 1 Teelöffel getrocknetem Oregano.

Hühnerbrust mit Oliven und Schafkäsecreme

Zutaten für 4 Personen:
4 Hühnerbrustfilets, je etwa 120 g
Salz
schwarzer Pfeffer, frisch gemahlen
1 Eßl. Butter
70 g schwarze oder violette Oliven
100 g Schafkäse
100 g Crème fraîche
2 Teel. frischer oder 1 Teel. getrockneter Oregano

Exklusiv

Pro Person etwa: 1500 kJ/360 kcal

Zubereitungszeit: etwa 45 Minuten

1. Die Hühnerbrustfilets waschen, trockentupfen, rundum salzen und pfeffern. Die Butter in einer Pfanne erhitzen und die Hühnerbrustfilets darin bei mittlerer Hitze auf jeder Seite 3–4 Minuten braten. Dann herausnehmen, etwas abkühlen lassen und quer zur Faser in dünne Scheiben schneiden.

2. Die Oliven entsteinen und grob hacken.

3. Das Raclettegerät vorheizen.

4. Den Schafkäse in eine Schüssel bröckeln, die Crème fraîche dazugeben und beides gründlich verrühren. Die gehackten Oliven unterheben. Die Creme mit dem Oregano, Salz und Pfeffer abschmecken.

5. Die Hühnerbrustscheiben in acht Raclettepfännchen legen. Die Käsecreme gleichmäßig darauf verteilen. Im Raclettegerät etwa 10 Minuten überbacken, bis der Käse leicht gebräunt ist.

Tip!
Sparsam mit Salz würzen, da der Schafkäse und die Oliven schon ziemlich salzig sind.

Geflügelleber asiatische Art

Zutaten für 4 Personen:
500 g Geflügelleber
3 Eßl. Sojasauce
3 Eßl. Sesamöl aus geröstetem Sesam
etwa 2 cm frische Ingwerwurzel
Salz
schwarzer Pfeffer, frisch gemahlen
Cayennepfeffer

Raffiniert

Pro Person etwa: 1000 kJ/240 kcal

Zubereitungszeit: etwa 30 Minuten + 1 Stunde Marinierzeit

1. Die Geflügellebern in ihre natürlichen Hälften teilen, von Häutchen und Sehnen befreien und in eine Schüssel legen.

2. Die Sojasauce und das Sesamöl miteinander verrühren. Die Ingwerwurzel schälen, auf einer Gemüsereibe fein dazureiben. Die Marinade mit Salz, Pfeffer und Cayennepfeffer kräftig würzen, über die Geflügellebern gießen und vorsichtig mischen. Alles zugedeckt im Kühlschrank etwa 1 Stunde durchziehen lassen, dabei einmal durchmischen.

3. Das Raclettegerät vorheizen.

4. Die Geflügellebern aus der Marinade nehmen und leicht abtupfen. In die Raclettepfännchen legen und im Raclettegerät je nach Größe in 5–10 Minuten garen. Sie sollten innen noch zartrosa sein. (Die Geflügellebern nicht zu lange braten, sonst werden sie trocken und hart.)

■ Dazu paßt ein Paprikasalat:
600 g rote Paprikaschoten putzen, waschen und klein würfeln. 100 g Sojasprossen in einem Sieb kalt abbrausen und gut abtropfen lassen. Aus 2 Eßlöffeln Sesamöl, 1 Eßlöffel Sojasauce, Salz, Pfeffer und dem Saft von ½ Zitrone eine Marinade anrühren. Die Paprikawürfel und die Sojasprossen dazugeben und darin wenden.

Putenschnitzel mit Champignons

Zutaten für 4 Personen:
600 g Putenschnitzel
2 Eßl. Öl
Salz
schwarzer Pfeffer, frisch gemahlen
250 g Champignons
Zitronensaft
1 Bund Petersilie
200 g Limburger Käse

Für Ungeübte

Pro Person etwa: 1500 kJ/360 kcal

Zubereitungszeit: etwa 40 Minuten

1. Die Putenschnitzel quer zur Faser in etwa 1 cm breite und 5 cm lange Streifchen schneiden. Das Öl in einer Pfanne erhitzen. Die Putenstreifen darin etwa 3 Minuten bei mittlerer Hitze anbraten, salzen, pfeffern, herausnehmen und auf einer Platte anrichten.

2. Die Champignons nur ganz kurz waschen, von Schmutz und schadhaften Stellen befreien. Kleine Pilze halbieren oder vierteln, große in Scheiben schneiden. Mit etwas Zitronensaft beträufeln und im verbliebenen Bratfett bei mittlerer Hitze etwa 3 Minuten dünsten.

3. Die Petersilie waschen, trockenschütteln, die Blättchen abzupfen und fein hacken. Die gehackte Petersilie über die Pilze streuen und kurz mitdünsten.

4. Das Raclettegerät vorheizen.

5. Inzwischen den Käse in dünne Scheiben schneiden und auf eine Platte legen.

6. Die Pilze mit Salz und Pfeffer abschmecken, aus der Pfanne nehmen und neben das Fleisch auf die Platte geben.

7. Die Putenstreifen mit den Champignons in den Raclettepfännchen verteilen und mit den Käsescheiben belegen. Im Raclettegerät etwa 5 Minuten überbacken.

Variante:
Anstelle des Putenfleisches können Sie auch Hühnerbrust, Kalbfleisch oder Kalbsleber verwenden.

Hühnerbrust mit Ingwer

Zutaten für 4 Personen:
600 g Hühnerbrustfilet
Salz
schwarzer Pfeffer, frisch gemahlen
2 Eßl. Öl
1 getrocknete Chilischote
etwa 3 cm frische Ingwerwurzel
250 g Möhren
Zitronensaft
200 g Doppelrahm-Frischkäse
1 Eigelb
1 Knoblauchzehe
2 Eßl. Mandelblättchen

Raffiniert

Pro Person etwa: 2100 kJ/500 kcal

Zubereitungszeit: etwa 35 Minuten

1. Die Hühnerbrustfilets unter fließendem kaltem Wasser abspülen, trockentupfen und mit Salz und Pfeffer einreiben.

2. Das Öl in einer Pfanne erhitzen und die Hühnerbrustfilets darin von jeder Seite bei mittlerer Hitze 3–4 Minuten braten. Die Chilischote etwas zerdrücken und hinzufügen. Die Ingwerwurzel schälen und auf einer Gemüsereibe direkt über der Pfanne fein auf die Hühnerbrustfilets reiben.

3. Die Möhren schälen, waschen und auf der Gemüsereibe grob raspeln, dann mit etwas Zitronensaft beträufeln.

4. Die Hühnerbrustfilets aus der Pfanne nehmen und schräg zur Faser in etwa 1 cm breite Scheibchen schneiden. Die Chilischote herausnehmen und wegwerfen.

5. Die Möhrenraspel im verbliebenen Bratfett extra 3 Minuten andünsten. Dann mit den Hühnerbrustscheiben auf einer Platte anrichten.

6. Das Raclettegerät vorheizen.

7. Den Doppelrahm-Frischkäse in eine Schüssel füllen und mit einer Gabel zerdrücken. Das Eigelb hinzufügen. Die Knoblauchzehe schälen, dazupressen und alles gut verrühren. Mit Salz und Pfeffer würzen, die Mandelblättchen unterheben.

8. Die Hühnerbrustscheiben mit den Möhren in die Raclettepfännchen geben und mit der Käsemasse überziehen. Im Raclettegerät garen, bis die Oberfläche leicht gebräunt ist.

■ Dazu paßt Reis mit Mandeln und Rosinen.

Heilbuttfilets mit Koriander

Zutaten für 4 Personen:
600 g Heilbuttfilet
1 Bund frischer Koriander (gibt's in Asienläden), ersatzweise Petersilie
1 Eßl. Zitronensaft
4 Eßl. Sojasauce
1 Eßl. Sesamöl aus geröstetem Sesam
Salz
schwarzer Pfeffer, frisch gemahlen
2 Eßl. gerösteter Sesam
1 rote Paprikaschote
150 g Crème fraîche
1 Eigelb

Raffiniert

Pro Person etwa: 1900 kJ/450 kcal

Zubereitungszeit: etwa 20 Minuten
+ 30 Minuten Marinierzeit

1. Das Heilbuttfilet kalt abwaschen und trockentupfen. In schmale Scheiben oder Würfel schneiden und in eine Schüssel legen. Den Koriander abzupfen und fein hacken. Den Zitronensaft mit der Sojasauce und dem Sesamöl verrühren, mit Salz und Pfeffer würzen und über den Fisch gießen. Mit dem Koriander und dem Sesam bestreuen. Zugedeckt im Kühlschrank etwa 30 Minuten ziehen lassen.

2. Inzwischen die Paprikaschote putzen, waschen und ganz fein würfeln. In eine kleine Schale füllen. Das Raclettegerät vorheizen.

3. Den Fisch aus der Marinade nehmen und auf einer Platte anrichten.

4. Die Crème fraîche in eine Schüssel geben und mit dem Eigelb gründlich verrühren. Die restliche Marinade hinzufügen und alles mit Salz und Pfeffer abschmecken.

5. Den Fisch in die Raclettepfännchen legen, mit den Paprikawürfelchen bestreuen und mit der Crème fraîche begießen. Im Raclettegerät in 8–10 Minuten garen.

Rotbarsch auf Spinat

Zutaten für 4 Personen:
300 g Blattspinat, frisch oder tiefgekühlt
1 Eßl. Butter
1 Knoblauchzehe
Salz
schwarzer Pfeffer, frisch gemahlen
600 g Rotbarschfilet
Zitronensaft
100 g Roquefort oder Gorgonzola
3 Eßl. Crème fraîche

Raffiniert

Pro Person etwa: 1500 kJ/360 kcal

Zubereitungszeit: etwa 45 Minuten + eventuell 1 Stunde Auftauzeit

1. Frischen Spinat verlesen, in stehendem Wasser waschen und die Stiele abknipsen. Tiefgekühlten Spinat auftauen lassen.

2. Die Butter in einem Topf erhitzen, den Spinat dazugeben und etwa 5 Minuten (tiefgekühlten Spinat nur etwa 3 Minuten) bei mittlerer Hitze dünsten. Den Knoblauch schälen und dazupressen. Mit Salz und Pfeffer würzen. Den Spinat aus dem Topf nehmen und in eine Schüssel füllen.

3. Das Raclettegerät vorheizen.

4. Das Rotbarschfilet kurz abspülen, trockentupfen, mit Zitronensaft beträufeln, salzen und pfeffern. In etwa 2 cm breite Streifen schneiden und auf einer Platte bereitstellen.

5. Den Käse in eine Schüssel bröckeln und mit einer Gabel zerdrücken. Die Crème fraîche dazugeben und beides gut miteinander verrühren, salzen und pfeffern.

6. Den Spinat in die Raclettepfännchen verteilen, die Fischstreifen darauf legen. Mit der Käsecreme bedecken und im Raclettegerät in 12–15 Minuten garen.

Dazu passen Salzkartoffeln.

Lachs mit Kräuterkäse

Zutaten für 4 Personen:
500 g frischer Lachs, in dünnen Scheiben
Salz
schwarzer Pfeffer, frisch gemahlen
Zitronensaft
1 Bund Petersilie
250 g Alpen-Kräuterkäse

Festlich

Pro Person etwa: 2100 kJ/500 kcal

Zubereitungszeit: etwa 25 Minuten

1. Das Raclettegerät vorheizen.

2. Die Lachsscheiben dekorativ in acht Raclettepfännchen verteilen. Leicht salzen und pfeffern, mit etwas Zitronensaft beträufeln.

3. Die Petersilie waschen, trockenschütteln, die Blättchen abzupfen und fein hacken. Mit dem Kräuterkäse auf einem Teller anrichten.

4. Den Kräuterkäse als Nocken auf dem Lachs verteilen und im Raclettegerät etwa 10 Minuten überbacken, bis der Käse schmilzt. Mit der Petersilie bestreuen.

Dazu passen Pellkartöffelchen oder warmes Baguette.

Im Bild oben: Lachs mit Kräuterkäse
Im Bild Mitte: Krabben mit Mozzarella
Im Bild unten:
Jakobsmuscheln auf Zucchinibett

Krabben mit Mozzarella

Zutaten für 4 Personen:
250 g Nordseekrabben oder Garnelen, geschält und gegart
1 Eßl. Zitronensaft
150 g Mozzarella
2 Knoblauchzehen
Salz
schwarzer Pfeffer, frisch gemahlen
3 Eßl. Olivenöl
1 Bund Dill

Etwas teurer

Pro Person etwa: 890 kJ/220 kcal

Zubereitungszeit: etwa 25 Minuten
+ 30 Minuten Marinierzeit

1. Die Krabben oder Garnelen in eine Schüssel geben und mit dem Zitronensaft beträufeln. Den Mozzarella erst in Scheiben und dann in sehr kleine Würfel schneiden. In die Schüssel zu den Krabben geben.

2. Die Knoblauchzehen schälen und durch die Presse in die Schüssel drücken. Alles mit Salz und Pfeffer würzen, mit dem Olivenöl begießen und gut mischen. Zugedeckt im Kühlschrank etwa 30 Minuten ziehen lassen.

3. Das Raclettegerät vorheizen.

4. Den Dill waschen, trockenschütteln, abzupfen, fein hacken und in einer kleinen Schüssel bereitstellen.

5. Die marinierten Krabben oder Garnelen mit dem Mozzarella in den Raclettepfännchen verteilen und im Raclettegerät in etwa 10 Minuten garen, bis der Käse zu schmelzen beginnt.

6. Die Raclettepfännchen herausnehmen und die Krabben mit dem gehackten Dill bestreuen.

Jakobsmuscheln auf Zucchinibett

Zutaten für 4 Personen:
8 Jakobsmuscheln, ausgelöst
Saft von 1 Zitrone
6 Eßl. Crème fraîche
2 Eigelb
Salz
weißer Pfeffer, frisch gemahlen
einige Spritzer Worcestersauce
1 Eßl. Semmelbrösel
3 Eßl. Sbrinz oder Emmentaler, frisch gerieben
1 großer Zucchino, etwa 250 g

Festlich

Pro Person etwa: 2000 kJ/480 kcal

Zubereitungszeit: etwa 20 Minuten
+ 1 Stunde Marinierzeit

1. Die Jakobsmuscheln unter fließendem kaltem Wasser gut abspülen, in einen tiefen Teller oder eine tiefe Schale legen und mit dem Zitronensaft beträufeln. Zugedeckt im Kühlschrank etwa 1 Stunde marinieren, zwischendurch einmal wenden.

2. Inzwischen für die Sauce die Crème fraîche mit den Eigelben in einer Schüssel verrühren. Mit Salz, Pfeffer und Worcestersauce kräftig würzen. Die Semmelbrösel und den geriebenen Käse untermischen und die Sauce nochmals abschmecken. Das Raclettegerät vorheizen.

3. Den Zucchino waschen, trockenreiben, vom Stielansatz befreien und auf einer Gemüsereibe mittelfein raspeln.

4. Die Raclettepfännchen mit den Zucchiniraspeln auslegen, diese salzen und pfeffern. Die Jakobsmuscheln abtropfen lassen und mit dem roten Corail auf den Zucchiniraspeln verteilen. Die Käsesauce darüber gießen und im Raclettegerät 6–8 Minuten überbacken.

Variante:
Statt Zucchini können Sie auch Spinat nehmen.

Scholle mit Zuckerschoten

Zutaten für 4 Personen:
300 g Zuckerschoten
Salz
1 Bund Dill
400 g Schollenfilets
Zitronensaft
weißer Pfeffer, frisch gemahlen
150 g Gruyère (Greyerzer) in Scheiben

Exklusiv

Pro Person etwa: 1100 kJ/260 kcal

Zubereitungszeit: etwa 45 Minuten

1. Die Zuckerschoten waschen und die Enden abschneiden. Die Zuckerschoten in kochendem Salzwasser etwa 3 Minuten blanchieren (sprudelnd kochen lassen), eiskalt abschrecken und in einem Sieb gut abtropfen lassen.

2. Den Dill waschen, trockenschütteln und abzupfen.

3. Das Raclettegerät vorheizen.

4. Die Schollenfilets kalt abspülen und trockentupfen. Die Schollenfilets mit Zitronensaft beträufeln und von beiden Seiten leicht salzen und pfeffern. Die Fischfilets in etwa 3 cm lange Stücke schneiden.

5. Die Zuckerschoten in acht Raclettepfännchen verteilen, jeweils einige Stückchen Schollenfilet und 1 Dillzweig darauf legen.

6. Je 1 Käsescheibe auf den Fisch legen und etwa 10 Minuten im Raclettegerät überbacken, bis der Käse zu schmelzen beginnt. Den Käse salzen und pfeffern.

■ Dazu schmecken Salzkartoffeln und eine leichte Tomatensauce.

Dorschfilet mit Tomaten und Basilikum

Zutaten für 4 Personen:
350 g Dorschfilet
2 Eßl. Olivenöl
1 Eßl. Zitronensaft
1 Bund Basilikum
Salz
schwarzer Pfeffer, frisch gemahlen
8 Eßl. Semmelbrösel
2 Knoblauchzehen
4 Eßl. weiche Butter
500 g Fleischtomaten

Italienisch inspiriert

Pro Person etwa: 1300 kJ/310 kcal

Zubereitungszeit: etwa 45 Minuten

1. Das Dorschfilet kalt abspülen, trockentupfen, in kleine mundgerechte Würfel schneiden und in eine Schüssel füllen.

2. Das Olivenöl und den Zitronensaft über die Fischwürfel gießen. Das Basilikum abbrausen, trockenschütteln, die Blättchen abzupfen und fein schneiden. Die Hälfte davon zu den Fischwürfeln geben, diese salzen und pfeffern. Alles durchrühren und etwa 30 Minuten zugedeckt im Kühlschrank ziehen lassen.

3. Inzwischen die Semmelbrösel in eine kleine Schüssel geben. Die Knoblauchzehen schälen und dazupressen. Die weiche Butter und das restliche Basilikum am besten mit einer Gabel unterarbeiten.

4. Das Raclettegerät vorheizen.

5. Die Tomaten mit kochendheißem Wasser überbrühen, häuten, in etwa ½ cm dicke Scheiben schneiden und dabei den Stielansatz entfernen.

6. Die Böden der Raclettepfännchen mit den Tomatenscheiben auslegen, diese salzen und pfeffern. Die marinierten Fischwürfel darauf verteilen und mit den Butterstreuseln bestreuen.

7. Alles im Raclettegerät in 8–10 Minuten garen. Darauf achten, daß die Semmelbrösel nicht zu dunkel werden.

Zucchinikrusteln

Zutaten für 4 Personen:
400 g Zucchini
Salz
schwarzer Pfeffer, frisch gemahlen
Muskatnuß, frisch gerieben
1 Prise Cayennepfeffer
150 g Raclette-Käse

Preiswert

Pro Person etwa: 680 kJ/160 kcal

Zubereitungszeit: etwa 30 Minuten

1. Das Raclettegerät vorheizen.

2. Die Zucchini waschen, vom Stielansatz befreien und auf der Gemüsereibe grob raspeln oder in feine Julienne (Streifen) schneiden. Die Zucchiniraspel in ein Küchenhandtuch geben und sehr fest ausdrücken. Dann in eine Schüssel geben und mit Salz, Pfeffer, Muskat und dem Cayennepfeffer kräftig würzen.

3. Den Raclette-Käse ebenfalls grob raspeln und unter die Zucchini mischen.

4. Jeweils 1 gehäuften Eßlöffel in ein Raclettepfännchen füllen und im Raclettegerät in etwa 15 Minuten knusprig backen. Zwischendurch einmal umrühren.

Variante:
Die Zucchinikrusteln werden deftiger, wenn Sie noch 150 g geräucherten Speck in kleinen Würfeln untermischen.

Im Bild oben: Broccoli mit Schinken
Im Bild Mitte: Tomatenfächer
Im Bild unten: Zucchinikrusteln

Tomatenfächer

Zutaten für 4 Personen:
4 Tomaten à etwa 150 g
Salz
schwarzer Pfeffer, frisch gemahlen
1 Bund Schnittlauch
200 g Frischkäse mit Kräutern

Gelingt leicht

Pro Person etwa: 840 kJ/200 kcal

Zubereitungszeit: etwa 25 Minuten

1. Das Raclettegerät vorheizen.

2. Die Tomaten mit kochendem Wasser überbrühen und die Haut abziehen. Die geschälten Tomaten in etwa ½ cm dicke Scheiben schneiden, dabei den Stielansatz entfernen. Die Tomatenscheiben auf einer Platte anrichten und mit Salz und Pfeffer bestreuen.

3. Den Schnittlauch abbrausen, trockenschütteln, in kleine Röllchen schneiden und auf einem Teller bereitstellen.

4. Die Tomatenscheiben abwechselnd mit dem Frischkäse dachziegelartig in die Raclettepfännchen legen.

5. Tomaten und Käse im Raclettegerät 10–15 Minuten überbacken, dann mit den Schnittlauchröllchen bestreuen.

■ Die Tomatenfächer schmecken als Beilage zu Fisch, Fleisch und Geflügel oder als vegetarisches Gericht (dann die Menge verdoppeln).

Tip!
Statt Schnittlauch können Sie auch je nach Saison frisches Basilikum, Kerbel oder andere Kräuter nehmen.

Broccoli mit Schinken

Zutaten für 4 Personen:
400 g Broccoli
Salz
200 g gekochter Schinken in Scheiben
150 g Raclette-Käse in Scheiben
schwarzer Pfeffer, frisch gemahlen

Gelingt leicht

Pro Person etwa: 1100 kJ/260 kcal

Zubereitungszeit: etwa 30 Minuten

1. Den Broccoli in kleine Röschen teilen und waschen. Die Stiele schälen und in etwa 1 cm dicke Scheiben schneiden. Den Broccoli in kochendes Salzwasser geben und in 5–7 Minuten, je nach Größe der Röschen, weich kochen. Dann in einem Sieb abgießen, eiskalt abschrecken und sehr gut abtropfen lassen.

2. Das Raclettegerät vorheizen.

3. Den Schinken vom Fettrand befreien und in etwa 1 cm breite und 3 cm lange Streifen schneiden.

4. Den Käse nach Belieben entrinden und mit dem Gemüse und dem Schinken auf einer Platte dekorativ anrichten.

5. Die Broccoliröschen und -scheiben in die Raclettepfännchen legen, leicht salzen und pfeffern. Die Schinkenstreifen darüber streuen und mit je 1 Scheibe Käse belegen. Im Raclettegerät in etwa 10 Minuten goldgelb überbacken.

Gefüllte Champignons

Zutaten für 4 Personen:
400 g möglichst große Champignons
Zitronensaft
1 kleine Zwiebel
1 Eßl. Öl
200 g gemischtes Hackfleisch
Salz
schwarzer Pfeffer, frisch gemahlen
Paprikapulver, edelsüß
1 Bund Petersilie
150 g Emmentaler in Scheiben

Herzhaft

Pro Person etwa: 1400 kJ/330 kcal

Zubereitungszeit: etwa 45 Minuten

1. Die Champignons putzen, in ein Sieb geben und ganz kurz unter kaltem Wasser abbrausen, dann gut abtropfen lassen.

2. Die Stiele der Champignons aus den Hütchen drehen und fein hacken. Die gehackten Champignons und die Köpfe sofort mit Zitronensaft beträufeln, damit sie sich nicht dunkel färben.

3. Die Zwiebel schälen, fein würfeln und in einer Pfanne im heißen Öl bei mittlerer Hitze weich braten. Das Hackfleisch dazugeben und so lange unter Rühren braten, bis es krümelig ist. Die gehackten Pilzstiele dazugeben und alles mit Salz, Pfeffer und Paprika kräftig würzen.

4. Das Raclettegerät vorheizen.

5. Die Petersilie abbrausen, trockenschütteln, die Blättchen abzupfen, fein hacken und unter das Hackfleisch mischen.

6. Den Fleischteig mit einem Teelöffel gleichmäßig in die Champignonköpfe füllen und glattstreichen.

7. Die gefüllten Pilzköpfe in die Raclettepfännchen setzen und mit jeweils 1 Scheibe Käse bedecken.

8. Die Champignons im Raclettegerät etwa 15 Minuten überbacken, bis der Käse zu bräunen beginnt.

Gefüllte Paprikaschoten

Zutaten für 4 Personen:
4 hellgelbe ungarische Spitzpaprikaschoten
4 grüne kleinere Paprikaschoten
250 g griechischer Schafkäse
1 Eßl. weiche Butter
Paprikapulver, edelsüß
Salz
schwarzer Pfeffer, frisch gemahlen
2 Eßl. Tomatenmark

Für Ungeübte

Pro Person etwa: 930 kJ/220 kcal

Zubereitungszeit: etwa 30 Minuten

1. Die Peperoni vom Stielansatz befreien, längs halbieren, entkernen, waschen und trockentupfen.

2. Das Raclettegerät vorheizen.

3. Den Schafkäse in eine Schüssel geben, mit einer Gabel zerdrücken und die weiche Butter unterrühren. Mit Paprikapulver, Salz und Pfeffer würzen und das Tomatenmark dazugeben. Alles gut verrühren und kräftig abschmecken.

4. Die Käsemasse in die halbierten Peperoni füllen, glattstreichen und die Peperoni dekorativ auf einer Platte anrichten.

5. Jeweils ½ Peperoni in ein Raclettepfännchen geben und im Raclettegerät 10–15 Minuten überbacken.

Dazu schmeckt gebuttertes Vollkornbrot.

Variante:
Kabanossi paßt auch gut dazu oder andere in Scheiben geschnittene Räucherwurst, entweder kalt oder mit den gefüllten Peperoni unter dem Raclette gebraten.

Austernpilze mit Knoblauch

Zutaten für 4 Personen:
300 g Austernpilze
1 Eßl. Zitronensaft
2 Knoblauchzehen
½ Bund Petersilie
2 Eßl. Olivenöl
Salz
schwarzer Pfeffer, frisch gemahlen
150 g Camembert

Gelingt leicht

Pro Person etwa: 770 kJ/180 kcal

Zubereitungszeit: etwa 30 Minuten
+ 30 Minuten Marinierzeit

1. Die Austernpilze von den harten Stielteilen befreien, in ein Sieb geben und kurz unter fließendem kaltem Wasser abbrausen. Die Pilze trockentupfen, in mundgerechte Stücke zupfen oder in etwa 1 cm breite Streifen schneiden. In eine Schüssel geben und mit dem Zitronensaft beträufeln.

2. Die Knoblauchzehen schälen und zu den Austernpilzen pressen. Die Petersilie waschen, trockenschütteln, die Blättchen von den Stengeln zupfen und fein hacken. Die gehackte Petersilie mit dem Olivenöl unter die Pilze mischen, alles salzen, pfeffern und etwa 30 Minuten zugedeckt durchziehen lassen. Nach etwa 20 Minuten das Raclettegerät vorheizen.

3. Den Camembert in dünne Scheiben schneiden, entrinden und auf eine Platte legen.

4. Die marinierten Austernpilze in acht Raclettepfännchen verteilen und im Raclettegerät etwa 5 Minuten andünsten.

5. Mit je 1 Scheibe Käse belegen und diesen leicht pfeffern. Weitere 10 Minuten im Raclettegerät überbacken, bis der Käse geschmolzen ist.

Variante:
Wer's gerne sehr deftig mag, kann noch 150 g klein gewürfelten durchwachsenen Speck unter die Pilze mischen.

Gorgonzola-Eier mit Kapern und Oliven

Zutaten für 4 Personen:
4 Eier
100 g Sahnegorgonzola
8 Sardellenfilets
50 g Kapern
100 g mit Paprika gefüllte Oliven

Raffiniert

Pro Person etwa: 1400 kJ/330 kcal

Zubereitungszeit: etwa 25 Minuten

1. Die Eier in einen Topf mit kochendem Wasser geben und in etwa 10 Minuten hart kochen. Das Raclettegerät vorheizen.

2. Inzwischen den Sahnegorgonzola in der Mitte einer Platte anrichten.

3. Die Sardellenfilets unter fließendem kaltem Wasser abspülen, trockentupfen und mit den Kapern und den Oliven dekorativ auf die Platte neben den Käse legen.

4. Die Eier abgießen, eiskalt abschrecken und pellen. Die hartgekochten Eier in Scheiben schneiden und auf einem Teller bereitstellen.

5. Jeweils etwa 3 Eischeiben in ein Raclettepfännchen legen und dazwischen je 1 Sardellenfilet, einige Kapern und Oliven verteilen. Etwas Sahnegorgonzola darübergeben.

6. Alles im Raclettegerät etwa 10 Minuten überbacken.

Dazu schmeckt frisches Toastbrot mit Butter.

Tip!
Für ein Hauptgericht sollten Sie die doppelte Menge der Zutaten nehmen.

Ur-Raclette

Zutaten für 4 Personen:
1 kg kleinere mehligkochende Kartoffeln (Bintje oder Primura)
Salz
1 Teel. Kümmelkörner
750 g Raclette-Käse
1 kleines Glas Cornichons
1 kleines Glas Perlzwiebelchen
1 kleines Glas eingelegte Maiskolben
schwarzer Pfeffer, frisch gemahlen

Berühmtes Gericht

Pro Person etwa: 3900 kJ/930 kcal

Zubereitungszeit: etwa 45 Minuten

1. Die Kartoffeln gründlich unter fließendem kaltem Wasser waschen, da man sie nach Belieben auch mit der Schale essen kann. Mit Salz und dem Kümmel in einen Topf geben, mit Wasser bedecken und zugedeckt bei mittlerer Hitze in etwa 30 Minuten weich kochen.

2. Das Raclettegerät vorheizen.

3. Inzwischen den Raclette-Käse in Scheiben aufschneiden und auf einer Platte bereitstellen. Die Cornichons, die Perlzwiebelchen und die Maiskolben in kleine Schälchen geben und auf den Tisch stellen.

4. Die gekochten Kartoffeln abgießen und samt Schale zu Tisch bringen, so daß jeder Gast sie nach Wunsch selbst schälen kann. Die Kartoffeln auf der Abdeckplatte des Raclettegeräts warm halten.

5. Den Käse in die Raclettepfännchen verteilen und schmelzen lassen. Dann mit Salz und Pfeffer würzen und mit den Kartoffeln und den eingelegten Cornichons, Perlzwiebelchen und Maiskolben essen.

Variante:
Noch deftiger wird das Ur-Raclette, wenn Sie 350 g aufgeschnittenen Frühstücksspeck dazu reichen, der dann mit dem Käse im Raclettepfännchen gebraten werden kann.

Käserösti

Zutaten für 4 Personen:
500 g festkochende Kartoffeln, zum Beispiel Sieglinde
2 Eier
1 Eßl. Sahne
Salz
schwarzer Pfeffer, frisch gemahlen
Muskatnuß, frisch gerieben
Öl zum Ausbraten
200 g Leerdammer in Scheiben

Preiswert

Pro Person etwa: 1600 kJ/380 kcal

Zubereitungszeit: etwa 30 Minuten

1. Die Kartoffeln schälen und waschen. Auf einer Gemüsereibe oder mit der Küchenmaschine fein raspeln.

2. Die Kartoffelraspel in eine Schüssel geben, die Eier dazuschlagen, die Sahne dazugießen und alles gut miteinander verrühren. Kräftig mit Salz, Pfeffer und Muskat würzen.

3. Etwas Öl in einer beschichteten Pfanne erhitzen. Jeweils 1 Eßlöffel der Masse in die Pfanne geben, etwas flachdrücken, so daß Küchlein von etwa 8 cm Durchmesser entstehen. Die Röstis in etwa 4 Minuten bei mittlerer Hitze goldgelb braten, zwischendurch einmal wenden. Nacheinander etwa 12 Röstis braten. Bis zum Servieren warm stellen.

4. Das Raclettegerät vorheizen.

5. Die Kartoffelrösti mit den Käsescheiben auf einer Platte anrichten. Jeder Gast legt 1 Kartoffelrösti in ein Raclettepfännchen und bedeckt es mit 1 Käsescheibe. Im Raclettegerät etwa 15 Minuten überbacken, bis der Käse zu schmelzen beginnt.

■ Die Rösti sind eine ideale Beilage zu Geschnetzeltem. Sie können sie aber auch, wenn's ganz edel sein soll, mit Crème fraîche zu Lachs oder Kaviar servieren.

Wachteleier auf Kasseler

Zutaten für 4 Personen:
200 g Kasseler Aufschnitt
4 Frühlingszwiebeln
1 Teel. weiche Butter
Salz
schwarzer Pfeffer, frisch gemahlen
16 Wachteleier

Gelingt leicht

Pro Person etwa: 1300 kJ/310 kcal

Zubereitungszeit: etwa 25 Minuten

1. Das Raclettegerät vorheizen.

2. Nach Belieben den Kasseler Aufschnitt in kleine Würfel schneiden oder ganz lassen.

3. Die Frühlingszwiebeln putzen, waschen und in feine Ringe schneiden.

4. Acht Raclettepfännchen mit der Butter dünn auspinseln. Das Kasseler und die Frühlingszwiebeln hineinstreuen, salzen, pfeffern und etwa 10 Minuten im Raclettegerät anbraten.

5. Dann pro Pfännchen 2 Wachteleier darauf schlagen und im Raclettegerät weitergaren, bis die Spiegeleier fertig sind.

Variante:
Anstatt der Frühlingszwiebeln können Sie auch 1 Kästchen Kresse verwenden.

Im Bild oben: Speckäpfel
Im Bild Mitte: Wachteleier auf Kasseler
Im Bild unten:
Gratinierte Knoblauch-Baguettes

Gratinierte Knoblauch-Baguettes

Zutaten für 4 Personen:
8 Scheiben Baguette, je etwa 1 cm dick
1 Knoblauchzehe
8 Scheiben Salami, etwa 50 g
200 g Tomaten
4 Scheiben Tilsiter, etwa 125 g

Preiswert

Pro Person etwa: 1100 kJ/260 kcal

Zubereitungszeit: etwa 25 Minuten

1. Die Brotscheiben entweder im Toaster oder oben auf dem Raclette-Grill rösten. Die Knoblauchzehe schälen, halbieren und die gerösteten Baguettescheiben damit einreiben.

2. Das Raclettegerät vorheizen.

3. Auf jede Baguettescheibe 1 Scheibe Salami legen.

4. Die Tomaten waschen, trockenreiben, in 8 Scheiben schneiden, dabei den Stielansatz entfernen. Die Scheiben auf den Baguettes verteilen.

5. Die Käsescheiben halbieren und die Tomaten damit belegen.

6. Die Knoblauch-Baguettes in je ein Raclettepfännchen legen und im Raclettegerät etwa 5 Minuten überbacken, bis der Käse schmilzt und leicht bräunt.

Tip!
Das Brot darf nicht zu hoch werden, sonst paßt es nicht unter den Grill. Wer mag, kann das Brot auch dünn mit Kräuterbutter bestreichen.

Speckäpfel

Zutaten für 4 Personen:
4 kleine Äpfel, je etwa 100 g
Zitronensaft
250 g durchwachsener Speck in dünnen Scheiben
200 g mittelalterlicher Gouda in 8 Scheiben

Schnell

Pro Person etwa: 2600 kJ/620 kcal

Zubereitungszeit: etwa 25 Minuten

1. Die Äpfel waschen, nach Belieben schälen, vierteln, von den Kerngehäusen befreien und die Viertel in schmale Spalten schneiden. Mit etwas Zitronensaft beträufeln, damit sie ihre helle Farbe behalten.

2. Das Raclettegerät vorheizen.

3. Vom Speck die Schwarte abschneiden. Den Käse entrinden. Alles auf einer Platte dekorativ anrichten.

4. Die Apfelspalten fächerartig abwechselnd mit dem Speck in die Raclettepfännchen legen oder die Spalten mit je 1 Speckscheibe umwickeln. Die Pfännchen mit je 1 Käsescheibe bedecken.

5. Im Raclettegerät in 10–15 Minuten knusprig überbacken.

Variante:
Dieses Raclette schmeckt genauso gut mit Birnen.

Kartoffeln mit Munster-Käse

Zutaten für 4 Personen:
600 g möglichst gleichmäßig kleine, mehligkochende Kartoffeln, zum Beispiel Primura
150 g roher Schinken in dünnen Scheiben
300 g Munster-Käse
2 Eßl. Öl für die Pfännchen
Salz
schwarzer Pfeffer, frisch gemahlen

Für Ungeübte

Pro Person etwa: 2100 kJ/500 kcal

Zubereitungszeit: etwa 45 Minuten

1. Die Kartoffeln waschen, in einen Topf geben, knapp mit Wasser bedecken und zugedeckt bei mittlerer Hitze in etwa 25 Minuten garen.

2. Nach etwa 15 Minuten das Raclettegerät vorheizen.

3. Den rohen Schinken vom Fettrand befreien und in kleine Würfel schneiden. Die Schinkenwürfel in ein Schälchen füllen.

4. Den Munster-Käse in Scheiben schneiden, entrinden und in der Mitte einer Platte anrichten.

5. Die gegarten Kartoffeln abgießen, etwas abkühlen lassen, pellen und in Scheiben schneiden. Die Kartoffelscheiben um den Käse auf die Platte schichten.

6. Die Raclettepfännchen dünn mit Öl auspinseln. Zuerst einige Schinkenwürfel auf den Boden streuen, dann die Kartoffelscheiben daraufgeben. Mit dem Munster-Käse belegen und nach Belieben salzen und pfeffern. Alles im Raclettegerät in etwa 10 Minuten goldgelb überbacken.

▪ Dazu paßt Tomatensalat.

Variante:
Herzhafter wird das Gericht, wenn Sie noch jeweils einige Kümmelkörner darüber streuen.

Curryreis mit Austernpilzen

Zutaten für 4 Personen:
100 g Langkorn-Reis oder Wildreismischung
Salz
200 g Austernpilze
1 kleine Zwiebel
1 Eßl. Öl
1 Eßl. Currypulver
schwarzer Pfeffer, frisch gemahlen
150 g Camembert
1 Bund Petersilie

Gelingt leicht

Pro Person etwa: 1000 kJ/240 kcal

Zubereitungszeit: etwa 35 Minuten

1. Den Reis in etwa ½ l kochendes Salzwasser streuen und in etwa 20 Minuten (Wildreismischung nach Packungsaufschrift) bei schwacher Hitze körnig garen. Die Austernpilze in ein Sieb geben, kurz mit kaltem Wasser abbrausen, trockentupfen, putzen und in schmale Streifen schneiden.

2. Die Zwiebel fein würfeln. Das Öl in einer Pfanne erhitzen und die Zwiebel darin bei schwacher Hitze etwa 5 Minuten dünsten. Die Austernpilze dazugeben und mitdünsten, bis alle ausgetretene Flüssigkeit verdampft ist. Das Raclettegerät vorheizen.

3. Den Reis in einem Sieb abtropfen lassen und zu den Pilzen geben. Den Curry gleichmäßig darüber stäuben, alles durchrühren und mit Salz und Pfeffer kräftig abschmecken. Den Curryreis warm halten.

4. Den Camembert in etwa ½ cm dicke Scheiben schneiden, entrinden und auf einer Platte anrichten. Die Petersilie waschen, trockenschütteln, die Blättchen abzupfen und fein hacken.

5. Jeweils etwa 2 Eßlöffel vom Curryreis in ein Raclettepfännchen geben, mit 1 Scheibe Käse belegen und im Raclettegerät überbacken, bis der Käse schmilzt. Zum Schluß das Ganze mit Petersilie bestreuen.

Weintrauben mit Walnüssen

Zutaten für 4 Personen:
300 g blaue Weintrauben
300 g weiße Weintrauben
250 g Walnußkerne
500 g Sahnegorgonzola

Festlich

Pro Person etwa: 4200 kJ/1000 kcal

Zubereitungszeit: etwa 20 Minuten

1. Das Raclettegerät vorheizen.

2. Die Weintrauben unter fließendem kaltem Wasser waschen, gut abtropfen lassen und am besten mit einem Küchentuch trockentupfen. Die Beeren von den Stielen zupfen, nach Belieben halbieren und entkernen. Die Beeren in eine Schale geben.

3. Die Walnüsse ebenfalls in einem Schüsselchen bereitstellen.

4. Den Käse mit einem dünnen, scharfen, angefeuchteten Messer in möglichst dünne Scheiben schneiden und dachziegelartig auf einer Platte anrichten. Mit den Weintrauben und den Nüssen zu Tisch bringen.

5. Die Weintrauben und die Nüsse in die Raclettepfännchen streuen, je 1 Scheibe Käse darauf legen und im Raclettegerät überbacken, bis der Käse zu schmelzen beginnt.

Eierlikör-Pfirsiche

Zutaten für 4 Personen:
4 reife Pfirsiche
250 g Mascarpone
6 cl Eierlikör
40 g Mandelblättchen zum Bestreuen

Für Ungeübte

Pro Person etwa: 1500 kJ/360 kcal

Zubereitungszeit: etwa 35 Minuten

1. Das Raclettegerät vorheizen.

2. Die Pfirsiche mit kochendem Wasser überbrühen und häuten. Die Früchte halbieren, den Kern entfernen und die Pfirsichhälften in schmale Spalten schneiden.

3. Den Mascarpone in eine Schüssel geben. Den Eierlikör dazugießen und beides gut miteinander verrühren, so daß eine cremige Sauce entsteht.

4. Die Pfirsichspalten fächerartig in acht Raclettepfännchen legen und mit der Eierlikörcreme überziehen. Mit den Mandelblättchen bestreuen und im Raclettegerät 10–15 Minuten überbacken.

Tip!
Dieses Raclette geht noch schneller und einfacher mit Dosenpfirsichen.

Gratinierte Feigen mit Frischkäse

Zutaten für 4 Personen:
8 frische reife Feigen
200 g Frischkäse
2 Eßl. Puderzucker
3 Eßl. Rum, ersatzweise Milch

Festlich

Pro Person etwa: 1300 kJ/310 kcal

Zubereitungszeit: etwa 25 Minuten

1. Das Raclettegerät vorheizen.

2. Die Feigen waschen und trockentupfen. Die Früchte vierteln und in acht Raclettepfännchen verteilen.

3. Den Frischkäse in eine Schüssel geben, mit dem Puderzucker und dem Rum verrühren.

4. Die Feigen mit der Frischkäsemischung überziehen und im Raclettegerät in 10–15 Minuten gratinieren.

Variante:
Statt der Feigen schmecken auch längs halbierte, entsteinte Zwetschgen sehr gut.

Bildmitte rechts:
Weintrauben mit Walnüssen
Bildmitte links:
Gratinierte Feigen mit Frischkäse
Im Bild unten rechts:
Eierlikör-Pfirsiche

Roquefort-Birnen

Zutaten für 4 Personen:
4 reife Birnen
1 Eßl. Zitronensaft
1 Eßl. Zucker
150 g Roquefort

Raffiniert

Pro Person etwa: 960 kJ/230 kcal

Zubereitungszeit: etwa 30 Minuten

1. Die Birnen schälen, halbieren, die Kerngehäuse entfernen und die Hälften in Spalten schneiden.

2. Das Raclettegerät vorheizen.

3. In einem breiten Topf etwa ⅛ l Wasser mit dem Zitronensaft und dem Zucker aufkochen. Die Birnenspalten darin je nach Reife 3–6 Minuten pochieren, das heißt, ziehen, aber nicht kochen lassen. Mit einem Schaumlöffel aus dem Sud nehmen und etwas abkühlen lassen.

4. Den Käse mit einer Gabel zerbröckeln und in einem Schälchen bereitstellen.

5. Die Birnenspalten in acht Raclettepfännchen verteilen. Den Roquefort darüber streuen. Die Birnen und den Roquefort im Raclettegerät etwa 10 Minuten überbacken.

Varianten:
Wenn keine Kinder mitessen, können Sie die Birnenspalten in Weißwein statt in Wasser dünsten. Oder Sie können den Roquefort mit 2 cl Birnengeist verrühren. Genausogut können Sie aber auch den Käse mit 2 Eßlöffeln flüssiger Sahne cremig rühren, dadurch wird er auch milder im Geschmack.

Nektarinengratin

Zutaten für 4 Personen:
2 große Nektarinen
200 g Crème fraîche
2 Eigelb
1 Teel. Puderzucker

Schnell

Pro Person etwa: 1700 kJ/400 kcal

Zubereitungszeit: etwa 25 Minuten

1. Das Raclettegerät vorheizen.

2. Die Nektarinen waschen, halbieren und entsteinen. Die Hälften nochmals vierteln und jeweils 4 Spalten in ein Raclettepfännchen legen.

3. Die Crème fraîche in eine Schüssel geben, die Eigelbe und den Puderzucker unterrühren.

4. Die Nektarinen etwa 5 Minuten im Raclettegerät vorgaren, dann die Sauce darüber gießen und in weiteren 5–10 Minuten stocken lassen.

Varianten:
Das Gratin schmeckt auch gut mit geviertelten Aprikosen, gedünsteten Pfirsichspalten oder Rotweinpflaumen. Sie können die Früchte auch vorher in Alkohol, zum Beispiel Pfirsichlikör, Orangenlikör oder Zwetschgenwasser marinieren. Außerdem können Sie nach Belieben noch 2 Eßlöffel gemahlene Mandeln unter die Creme rühren und das Gericht mit gehackten Pistazien bestreuen.

43° vol. %
70 cl

Zimt-Sahne-Äpfel

Zutaten für 4 Personen:
4 kleine reife Äpfel, je etwa 100 g
200 g Crème double
2 Eigelb
1 Eßl. Zimtpulver
1 Eßl. Puderzucker

Preiswert

Pro Person etwa: 1900 kJ/450 kcal

Zubereitungszeit: etwa 25 Minuten

1. Das Raclettegerät vorheizen.

2. Die Äpfel schälen, die Kerngehäuse ausstechen oder herausschneiden und die Äpfel in schmale Spalten schneiden. Die Apfelspalten fächerartig in acht Raclettepfännchen legen.

3. Die Crème double in eine Schüssel geben, die Eigelbe, den Zimt und den Puderzucker unterrühren. Die Sauce über die Äpfel gießen.

4. Das Gericht im Raclettegerät etwa 10 Minuten überbacken, bis die Oberfläche leicht gebräunt ist und die Sauce stockt.

Variante:
Sie können noch 2 Eßlöffel in Rum getränkte Rosinen auf den Äpfeln verteilen oder die Äpfel mit Calvados beträufeln.

Tip!
Wenn Sie die Äpfel schon vorbereiten, bevor Ihre Gäste kommen, sollten Sie sie mit etwas Zitronensaft beträufeln, damit sie nicht braun werden.

Schoko-Kokos-Bananen

Zutaten für 4 Personen:
2 große Bananen, etwa 400 g
Saft von ½ Zitrone
4 Eßl. Nuß-Nougat-Creme
6 Eßl. Sahne
6 Eßl. Kokosflocken

Schnell

Pro Person etwa: 1500 kJ/360 kcal

Zubereitungszeit: etwa 15 Minuten

1. Das Raclettegerät vorheizen.

2. Die Bananen schälen, in dünne Scheiben schneiden und sofort mit dem Zitronensaft beträufeln, damit sich das Fruchtfleisch nicht dunkel färbt.

3. Die Nuß-Nougat-Creme in einer Schüssel mit der Sahne verrühren, dann die Kokosflocken untermischen.

4. Die Bananenscheiben in den Raclettepfännchen verteilen und die Schoko-Kokos-Creme darüber streichen.

5. Das Dessert im Raclettegerät 5–8 Minuten überbacken.

Tips!

Wenn keine Kinder mitessen, können Sie die Bananenscheiben in 4 cl Bananenlikör marinieren.
Die überbackenen Bananen nach Gusto noch mit einem Klecks Sahne garnieren.

Grillen auf dem Heißen Stein – was für die Menschen in der Steinzeit eine wichtige Garmethode war, macht heute als Gesellschaftsessen Furore. Der neue Trend kommt aus Japan und ist wohl eine der ältesten überhaupt bekannten Arten zu kochen: Gemüse, Fleisch, Fisch oder Obst werden sorgfältig vorbereitet, kleingeschnitten und mariniert und garen dann direkt auf der heißen Steinplatte. In wenigen Minuten ist das Gericht fertig, wenn man möchte ganz ohne Fett. Das ist bekömmlich und sehr gesund. Vitamine, wertvolle Nährstoffe und Aromen – alles bleibt durch die gleichmäßige Hitze des Steins weitgehend erhalten. Egal was Sie zubereiten, alles gelingt zart und saftig und die kräftigen Farben werden geschont. Garen auf dem Heißen Stein bringt viel Spaß und Geselligkeit. Ob nun jeder Gast für sich selbst brutzelt, was er am liebsten mag oder abwechselnd einer für alle aus den bereit gestellten Zutaten verschiedene Gerichte zusammenstellt – eine besondere Atmosphäre ergibt sich von alleine, wenn sich die ganze Familie, Freunde oder Bekannte um den Tisch versammeln und alle von demselben Stein essen. Kreative Köche können nach Herzenslust experimentieren: zitronenfrisch marinierte Scampi, minutenschnell gebrutzelt, obendrauf ein Klecks Knoblauch-Mayonnaise, zartes Rinderfilet mit Chili und Sojasauce gewürzt, gebratene Ananas, dazu Kokossahne – von der Vorspeise bis zum Dessert gibt es viele Möglichkeiten, die Zutaten zu kombinieren und kulinarisch abzurunden. Vorausgesetzt allerdings, Sie stellen neben den vorbereiteten Zutaten noch einige Saucen, Dips, Salate, Gewürze und Kräuter mit auf den Tisch, außerdem Weißbrot oder Bauernbrot.

Heiße Steine – ein Thema mit Variationen

Beim Heißen Stein haben Sie die Wahl zwischen Tischgeräten mit bis zu vier Brennern und elektrisch heizbaren Geräten, die Sie auch in Kombination mit Raclette kaufen können. Bei den Elektrogeräten fehlt zwar die Romantik der offenen Flamme, dafür sind sie aber mit einem Thermostat ausgestattet: Die Heizspiralen unter der Abdeckplatte sorgen für eine gleichmäßige Hitzezufuhr, man kann solange grillen, wie man mag. Anders bei einem Stein-Set mit Rechaud und Brenner(n): der etwa 2 ½ cm starke Naturstein muß die Hitze vor dem Grillen speichern. Dazu heizt man ihn auf dem Herd oder im Backofen auf seine »Arbeitstemperatur« von etwa 250° auf und stellt ihn dann auf den Tisch. Beim Grillen gibt der Stein seine Hitze langsam und gleichmäßig an das Gargut ab und kühlt dabei allmählich ab. Ein oder mehrere Brenner darunter verhindern, daß die Grillparty schon nach ½ Stunde zu Ende geht. Geräte mit Rechaud haben gegenüber Elektrogeräten den Vorteil, daß man sie überall benutzen kann, sogar im Freien. Zu diesem Zweck bieten verschiedene Hersteller zusätzlich eine Edelstahlverblendung als Windschutz an. Heiße Steine gibt es in runder, ovaler oder eckiger Form, als kleine Portionssteine für jeden einzelnen Gast mit und ohne Rechaud und als Partyset wahlweise für 2–3, 4–6 oder 6–8 Personen. Mit einem sogenannten »Steinheber«, einer Art Grillzange, läßt sich das Gargut leicht wenden. Denselben Zweck erfüllt aber auch eine einfache Fleischgabel.

Grillspaß ohne Holzkohle und Glut: Brenner befeuern den Stein – so wird das Brutzeln auch zum Vergnügen im Freien.

Ideal für die Grillparty daheim – auf dem elektrisch beheizten Stein kann man gemütlich und so lange man will, am Tisch braten und bräunen.

Wichtiges zum Gerät

Lesen Sie unbedingt die Gebrauchsanweisung, bevor Sie Ihren Stein das erste Mal ausprobieren.
Wenn Sie den Stein auf dem Gasherd aufheizen, empfiehlt es sich, einen Flammenverteiler zu verwenden, um eine möglichst große Fläche zu beheizen.

Besitzen Sie einen Keramikherd, müssen Sie den Grillstein im Backofen aufheizen. Ansonsten würde durch die Edelstahlhalterung zwischen Keramikherdplatte und Stein ein Zwischenraum entstehen, und der Stein könnte sich nicht erhitzen.
Achtung! Die Steinplatte und die Halterung sind glühend heiß. Fassen Sie den Stein also nur mit dicken Topflappen oder hitzeisolierten Handschuhen an, wenn Sie ihn auf das Untergestell setzen. Vorsicht, wenn Kinder mit am Tisch sitzen.

Benutzen Sie immer die gleiche Seite zum Grillen – das bringt auf Dauer viel Geschmack.
Nach mehrmaliger Benutzung können kleine Risse auftreten, die aber den Grillstein in seiner Funktion keineswegs beeinträchtigen. Sie entstehen durch Ausdehnung und Zusammenziehen des Steins in der Hitze und beim Abkühlen, sind aber normal.

So gelingt es leicht: Garen auf dem Stein

1. Pinseln Sie die Oberfläche des Steins vor dem ersten Gebrauch leicht mit einem geschmacksneutralen Öl ein, damit beim Grillen nichts ankleben kann. Der Stein färbt sich dabei dunkel – das ist normal.

2. Legen Sie den Grillstein zusammen mit der Edelstahlhalterung direkt auf die Elektro-Herdplatte oder den Gasherd und heizen Sie ihn bei höchster Stufe 20–30 Minuten auf. Genauso gut geht es im Backofen bei 250°.

Pflegeleichtes Grillvergnügen

Wichtig: Vor dem ersten Gebrauch den Stein leicht mit einem geschmacksneutralen Öl einstreichen. So kann beim Grillen nichts ankleben. Vermeiden Sie plötzliche Temperaturunterschiede. Den Heißen Stein niemals mit kaltem Wasser abschrecken, sondern langsam abkühlen lassen. Sonst könnte er springen. Sobald der Stein abgekühlt ist, können Sie ihn von der Halterung abnehmen und einfach mit warmem Wasser reinigen. Verwenden Sie keine spitzen Gegenstände – Grillrückstände lassen sich leicht mit einem rauhen Schwamm, einer Wurzelbürste oder einer Spachtel entfernen. Nehmen Sie kein Spülmittel – der Stein würde es aufsaugen. Hin und wieder eine Reinigung mit Essigwasser verleiht dem Stein ein sauberes und appetitliches Aussehen.

3. Nehmen Sie dann den Stein samt der Halterung vorsichtig von der Herdplatte und setzen Sie ihn auf das Untergestell mitten auf den Tisch. Tragen Sie dabei unbedingt wattierte Handschuhe – Stein und Halterung sind um 250° heiß!

4. Stellen Sie die Brenner unter den Stein, wenn Sie länger als ½ Stunde grillen möchten. Die Füllung, meist eine geruchlos verbrennende Spezial-Brennpaste in einem Aluschälchen, reicht etwa 1 Stunde. Die Größe der Flamme läßt sich mit einem Schieber leicht regulieren.

5. Ist alles vorbereitet, kann der Brutzelspaß beginnen: Fleisch und Gemüse, aber auch Fisch, Wurst, Obst und Eier wandern direkt auf den heißen Stein und werden in wenigen Minuten gar.

Vielseitiger Grillspaß

Vom gebratenen Steak über Scampi bis hin zum Spiegelei – auf dem Heißen Stein läßt sich fast alles zubereiten, was der Markt bietet, vorausgesetzt, es wurde »steinfertig« vorbereitet. Hier ein paar Vorschläge:

Fleisch: Zum Kurzbraten geeignetes Fleisch kaufen, also Rumpsteaks, Filetsteaks, Filetspitzen vom Rind, aber auch Zartes von Schwein, Kalb und Lamm ist geeignet wie Filet, Schnitzel, Medaillons, Rückensteaks, Koteletts und Kasseler Rippchen, außerdem Bratwurst und Frühstücksspeck. Die Scheiben nicht zu dick schneiden, sonst garen sie zu lange. Ein kleiner, raffinierter Gaumenschmaus sind selbstgemachte Mini-Buletten.

Geflügel: Hähnchenschenkel, Hähnchenbrustfilet, Entenbrustfilet, Putenbrust, Truthahnschnitzel schmecken gut. Kleinere Stücke im ganzen brutzeln, größere Stücke kleinschneiden. Alles nach Belieben vorher marinieren.

Fisch: Empfehlenswert sind Filet oder Scheiben von Lachs, Seeteufel, Kabeljau, Seezunge, Steinbutt und anderen festfleischigen Sorten, aber auch ganze kleine Fische wie Sardinen. Garnelen, Scampi, Nordseekrabben und Tintenfische entfalten beim Kurzgrillen ihren unverfälschten Geschmack.

Gemüse: Kartoffeln, Auberginen, Zucchini, Champignons, Austernpilze, Frühlingszwiebeln, Staudensellerie, Paprikaschoten, Möhren, Tomaten und Lauch eignen sich hervorragend. Gleich alles portionieren und in Scheiben oder Streifen schneiden. Fenchel, Blumenkohl und Broccoli am besten vorher kurz in sprudelnd kochendem Wasser blanchieren, damit sie nicht allzu lange garen müssen.

Eier: Spiegeleier und Crêpes lassen sich auf dem Stein prima backen, genauso einfach wie in der Pfanne.

Obst: Apfel- oder Birnenspalten, Bananenscheiben, Ananasringe, Aprikosenhälften – portioniert und mit Zucker bestreut sind sie eine köstliche Nachspeise.

Party um den Heißen Stein – schnell vorbereitet

Wenn Sie einen Heißen Stein besitzen, können Sie Freunde spontan zum Essen einladen. Denn selbst wenn es schnell gehen soll, ist das Grillen auf dem heißen Stein die ideale Gästebewirtung. Der Arbeitsaufwand ist minimal, Sie müssen nur für reichlich Zutaten sorgen, diese vorbereiten, kleinschneiden und nach Belieben marinieren. Rechnen Sie pro Person je etwa 200 g Fleisch und Gemüse. Hier einige Beispiele und Anregungen:
Lammkoteletts mit einer Mischung aus Olivenöl, Pfeffer und Knoblauch einreiben;
Rinderfilets oder Rumpsteaks in eine Marinade aus Sojasauce, Sherry, Ingwer und zerstoßenem Koriander einlegen;
Hähnchenbrustfilets oder Truthahnschnitzel mit Öl, Currypulver, Zitronensaft und fein geriebener -schale bestreichen;
Lachs, Kabeljau oder Seeteufel mit Zitronensaft, Senf, Salz, Pfeffer und Dill würzen;
Kartoffelscheiben mit Öl bepinseln, mit gehacktem Rosmarin und Meersalz bestreuen;
bunte Paprikastreifen, Zucchini- oder Auberginenscheiben in einer Mischung aus Essig, Öl, Knoblauch und Thymian marinieren;
Ananas- oder Apfelscheiben mit Vanillezucker bestreuen.
Eine längere Vorbereitungszeit benötigen: Kalbsröllchen mit Spinat gefüllt, Seezungen-Röllchen mit Mandel-Petersilien-Farce, Zucchinistreifen mit Mozzarella aufgerollt.

Dazu reichen Sie wahlweise verschiedene Beilagen:
Brot: Stangenweißbrot, Bauernbrot, Weizen- oder Roggenbrötchen, Sesamfladen
Kartoffeln und Reis: Bratkartoffeln, Rösti, saftigen Kräuterreis
Salate: gemischten grünen Salat, Tomaten-Gurken-Salat, andere bunte Gemüsesalate, Kartoffelsalat, Reissalat
Dips und Saucen: Senfsauce, Meerrettichsahne, Remoulade, Tomaten-Chilisauce, Kräuterquark, Aioli, Joghurt-Mayonnaise, Mangochutney

Als Getränk servieren Sie dazu Rotwein, Rosé oder Bier. Auch ein trockener Weißwein schmeckt gut dazu. Und natürlich sollten Sie auch ein nicht-alkoholisches Getränk bereithalten.
Als appetitanregender Einstieg paßt eine kräftige Bouillon oder eine leichte Gemüseterrine mit einer Kräutervinaigrette. Beides können Sie schon am Vortag zubereiten.

Wenn die Gäste da sind, haben Sie keine Arbeit mehr. Denn bei Tisch stellt sich jeder Gast auf dem Stein sein Menü selbst zusammen.

Wichtiger Hinweis:

Bevor Sie Ihren Stein ausprobieren, sollten Sie unbedingt die Gebrauchsanweisung studieren. Unfälle und unsachgemäße Behandlung können so vermieden werden. Bedenken Sie auch, daß die Steinplatte glühend heiß ist. Den Stein also nur an den Halterungen mit einem Topflappen anfassen. Vorsicht, wenn Kinder mit bei Tisch sind.

Kalbfleischspießchen mit Zucchini

Zutaten für 4 Personen:
600 g Kalbsschnitzelfleisch in 1½ cm dicken Scheiben
Salz
schwarzer Pfeffer, frisch gemahlen
200 g roher Schinken in dünnen Scheiben
1 Bund frischer Salbei
2 kleine Zucchini, je etwa 120 g
Holzzahnstocher

Raffiniert

Pro Person etwa: 1500 kJ/360 kcal

Zubereitungszeit: etwa 50 Minuten

1. Das Fleisch waschen, trockentupfen und in Würfel von etwa 1½ cm Kantenlänge schneiden. Die Fleischwürfel rundum salzen und pfeffern.

2. Die Schinkenscheiben vom Fettrand befreien und so zurechtschneiden, daß sich ein Kalbfleischwürfel darin einwickeln läßt.

3. Den Salbei waschen, trockenschütteln und die Blättchen abzupfen.

4. Die Schinkenstreifen ausbreiten, jeweils 1 oder ½ Salbeiblatt darauf legen, je 1 Fleischwürfel darauf setzen und in den Schinken hüllen.

5. Die Zucchini waschen, vom Stengelansatz befreien und in etwa 1 cm dicke Scheiben schneiden.

6. Die Fleischwürfel abwechselnd mit den Zucchinischeiben so auf Holzzahnstocher stecken, daß der Schinken gleichzeitig mit befestigt wird.

7. Die Spießchen auf dem Heißen Stein 8–10 Minuten braten, zwischendurch öfters umdrehen.

Gefüllte Schweineschnitzel

Zutaten für 4 Personen:
8 dünne Schweineschnitzel, je etwa 120 g
Salz
schwarzer Pfeffer, frisch gemahlen
1 kleine Zwiebel
100 g Camembert
1 Eigelb
Paprikapulver, edelsüß
1 Prise Kümmel, gemahlen
24 Holzzahnstocher

Gelingt leicht

Pro Person etwa: 1500 kJ/360 kcal

Zubereitungszeit: etwa 45 Minuten

1. Die Schweineschnitzelchen waschen, trockentupfen und etwas flachklopfen. Auf der Arbeitsfläche ausbreiten, von beiden Seiten leicht salzen und pfeffern.

2. Die Zwiebel schälen und fein würfeln. Den Camembert entrinden, grob zerschneiden und mit den Zwiebelwürfeln in eine Schüssel geben. Das Eigelb hinzufügen und alles mit Salz, Pfeffer, Paprikapulver und dem Kümmel würzen. Diese Zutaten am besten mit einer Gabel zu einer geschmeidigen Masse verarbeiten und nochmals abschmecken.

3. Die Käsecreme auf die Schweineschnitzel streichen, dabei einen etwa 2 cm breiten Rand frei lassen. Dann die Schnitzel in der Mitte wie eine Tasche zusammenklappen, eventuell die Ränder der einen Hälfte leicht einschlagen, damit keine Füllung austreten kann. Die Öffnungen mit je 3 Zahnstochern zustecken.

4. Die gefüllten Schweineschnitzel auf dem Heißen Stein 10–12 Minuten braten, zwischendurch einmal wenden.

■ Dazu passen Baguette und Tomatensalat mit Basilikum.

Schweinespießchen mit Erdnußsauce

Zutaten für 4 Personen:
4 dünne Schweineschnitzel, je etwa 3 mm dick und etwa 100 g schwer
2 Eßl. Öl
Salz
schwarzer Pfeffer, frisch gemahlen
16 Holzzahnstocher
2 Schalotten
1 Eßl. Butter
100 g Erdnußmus
6 Eßl. Sahne
Zitronensaft
Cayennepfeffer

Raffiniert

Pro Person etwa: 2000 kJ/480 kcal

Zubereitungszeit: etwa 30 Minuten

1. Die Schnitzel waschen, trockentupfen, von beiden Seiten mit dem Öl einpinseln, salzen und pfeffern. Dann jedes Schnitzel längs in 4 etwa 2 cm breite Streifen schneiden und ziehharmonikaartig auf Holzzahnstocher stecken. Auf eine Platte legen.

2. Für die Sauce die Schalotten schälen, fein hacken und in der Butter bei schwacher Hitze weich dünsten. Das Erdnußmus und die Sahne untermischen und alles gut durchrühren. Mit Salz, Pfeffer, Zitronensaft und Cayennepfeffer kräftig würzen.

3. Die Fleischspießchen auf dem Heißen Stein etwa 8 Minuten braten, zwischendurch einmal wenden. Die Erdnußsauce kalt oder warm dazu reichen.

Dazu paßt Reis.
Diese Spießchen schmecken auch gut als Vorspeise.

Im Bild oben:
Lammspießchen mit schwarzen Oliven
Im Bild Mitte:
Marinierte Geflügelspießchen
Im Bild unten:
Schweinespießchen mit Erdnußsauce

Lammspießchen mit schwarzen Oliven

Zutaten für 4 Personen:
600 g Lammfleisch aus der Schulter (eventuell beim Metzger vorbestellen)
Salz
schwarzer Pfeffer, frisch gemahlen
Muskatnuß, frisch gerieben
1 große grüne Paprikaschote
4–6 Knoblauchzehen
Holzzahnstocher
100 g entsteinte schwarze Oliven
2 Eßl. Olivenöl

Gelingt leicht

Pro Person etwa: 2100 kJ/500 kcal

Zubereitungszeit: etwa 1 Stunde

1. Das Lammfleisch waschen, trockentupfen und in Würfel von etwa 1½ cm Kantenlänge schneiden. Die Fleischwürfel salzen, pfeffern und mit Muskat würzen.

2. Die Paprikaschote halbieren, vom Kernhaus und den weißen Rippen befreien und waschen. Die Paprika in gleich große Stücke wie die Fleischwürfel schneiden.

3. Die Knoblauchzehen schälen und quer in nicht zu dünne Scheiben schneiden.

4. Jeweils auf einen Zahnstocher 1 Fleischwürfel, 1 Knoblauchscheibe, 1 Stück Paprika, 1 Olive und nochmals 1 Fleischwürfel stecken.

5. Die Spießchen mit dem Olivenöl bepinseln und etwa 15 Minuten ziehen lassen. Anschließend auf einer Platte anrichten.

6. Die Lammspießchen auf dem Heißen Stein 10–12 Minuten braten und zwischendurch öfters wenden.

Dazu passen eine Knoblauch-Mayonnaise und Pellkartoffeln.

Marinierte Geflügelspießchen

Zutaten für 4 Personen:
4 Putenschnitzel, je etwa 150 g
16 Holzzahnstocher
4 Eßl. Öl
2 Eßl. Zitronensaft
½ Teel. schwarzer Pfeffer, frisch gemahlen
2 Knoblauchzehen
1 Bund gemische Kräuter
Salz

Gelingt leicht

Pro Person etwa: 1100 kJ/260 kcal

Zubereitungszeit: etwa 45 Minuten

1. Die Putenschnitzel waschen, trockentupfen und auf der Arbeitsfläche ausbreiten. Jedes Schnitzel längs in 4 etwa 2 cm breite Streifen schneiden. Die Fleischstreifen ziehharmonikaartig auf Holzzahnstocher stecken und nebeneinander auf eine tiefe Platte legen.

2. Für die Marinade das Öl mit dem Zitronensaft und dem Pfeffer verrühren. Den Knoblauch schälen und dazudrücken. Die Kräuter waschen, trockenschütteln, abzupfen, fein hacken und untermischen.

3. Die Marinade über die Spießchen träufeln und die Fleischspieße zugedeckt im Kühlschrank 20–30 Minuten marinieren, dabei einmal wenden.

4. Die Geflügelspießchen auf dem Heißen Stein etwa 6 Minuten braten, zwischendurch einmal wenden. Erst nach dem Garen leicht salzen.

Dazu paßt eine Knoblauch-Mayonnaise oder Tsatsiki (siehe Tip Seite 58).

Mini-Buletten mit Käsefüllung

Zutaten für 4 Personen:
1 Brötchen vom Vortag
1 Zwiebel
1 Eßl. Öl
1 Bund Petersilie
500 g gemischtes Hackfleisch
1 Ei
Salz
schwarzer Pfeffer, frisch gemahlen
Paprikapulver, scharf
2 Teel. frischer oder 1 Teel. getrockneter Oregano
100 g Schafkäse

Preiswert

Pro Person etwa: 2100 kJ/500 kcal

Zubereitungszeit: etwa 35 Minuten

1. Das Brötchen in kaltem Wasser einweichen.

2. Die Zwiebel schälen und sehr fein würfeln. Das Öl in einer Pfanne erhitzen und die Zwiebelwürfel darin bei schwacher Hitze weich dünsten.

3. Die Petersilie waschen, trockenschütteln, die Blättchen abzupfen und fein hacken. Die Petersilie zu den Zwiebeln geben und kurz mitdünsten.

4. Die Pfanne vom Herd nehmen und den Inhalt etwas abkühlen lassen.

5. Das Hackfleisch in eine Schüssel geben, das Brötchen gut ausdrücken und dazugeben. Das Ei und die Zwiebel-Petersilien-Mischung ebenfalls in die Schüssel geben, alles mit angefeuchteten Händen oder dem Knethaken des Handrührgerätes gut durchmischen. Mit Salz, Pfeffer, Paprikapulver und dem Oregano kräftig würzen.

6. Den Schafkäse mit den Fingern grob zerbröckeln. Mit angefeuchteten Händen aus dem Hackfleischteig etwa 12 walnußgroße Kugeln formen, jeweils eine Mulde eindrücken, mit etwas Schafkäse füllen und dann etwas flach zu kleinen Küchlein formen.

7. Auf dem Heißen Stein in etwa 10 Minuten garen, zwischendurch einmal wenden.

Tip!
Dazu paßt Tsatsiki:
1 Salatgurke schälen, längs halbieren, von den Kernen befreien und grob raspeln. Mit 450 g griechischem Joghurt in eine Schüssel füllen. 4 Knoblauchzehen schälen und dazupressen. 1 Eßlöffel Olivenöl unterrühren und das Tsatsiki mit Salz und Pfeffer würzen.

Rindfleisch mit Möhren

Zutaten für 4 Personen:
4 Rumpsteaks, je etwa 150–180 g
200 g Möhren
Salz
etwa 1 cm Ingwerwurzel
2 cl trockener Sherry
4 Eßl. Sojasauce
4 Eßl. Öl
schwarzer Pfeffer, frisch gemahlen
2 Knoblauchzehen
300 g Kartoffeln

Raffiniert

Pro Person etwa: 1800 kJ/430 kcal

Zubereitungszeit: etwa 1 Stunde

1. Die Rumpsteaks waschen, trockentupfen und vom Fettrand befreien. Quer zur Faser in etwa ½ cm dicke Streifen schneiden.

2. Die Möhren schälen, waschen und in etwa ½ cm dicke Scheiben schneiden. In kochendem Salzwasser 2–3 Minuten blanchieren (sprudelnd kochen lassen), eiskalt abschrecken und gut abtropfen lassen. Mit den Fleischstreifen in einer Schüssel mischen.

3. Den Ingwer schälen und ganz fein hacken. Mit dem Sherry, der Sojasauce und dem Öl mischen. Mit Salz und Pfeffer würzen. Den Knoblauch schälen und dazudrücken. Die Marinade durchrühren und über die Fleisch-Möhren-Mischung gießen. Alles gut durchmischen und zugedeckt im Kühlschrank etwa 30 Minuten ziehen lassen.

4. Inzwischen die Kartoffeln schälen, roh in dünne Scheiben schneiden, in eine Schüssel geben und mit Salz und Pfeffer würzen.

5. Die Rindfleischstreifen und die Möhrenscheiben auf dem Heißen Stein etwa 5 Minuten braten, zwischendurch mehrmals wenden. Die Kartoffelscheiben dazulegen und unter Wenden knusprig braten.

Lamm mit Knoblauchbutter

Zutaten für 4 Personen:
3 Eßl. Olivenöl
1 Eßl. Currypulver
1 Prise Zimtpulver
Salz
schwarzer Pfeffer, frisch gemahlen
4 doppelte Lammkoteletts,
je etwa 160 g
125 g weiche Butter
5 Knoblauchzehen
weißer Pfeffer, frisch gemahlen
1 Teel. Zitronensaft

Gelingt leicht

Pro Person etwa: 3200 kJ/760 kcal

Zubereitungszeit: etwa 50 Minuten

1. Das Olivenöl mit dem Curry, dem Zimt, Salz und schwarzem Pfeffer gründlich verrühren.

2. Die Lammkoteletts waschen, trockentupfen, nach Belieben trennen, nebeneinander auf eine Platte legen und von beiden Seiten mit der Marinade bestreichen. Zugedeckt etwa 30 Minuten im Kühlschrank ziehen lassen.

3. Inzwischen die weiche Butter in eine Schüssel füllen. Den Knoblauch schälen und durch die Presse dazudrücken. Die Masse salzen, mit weißem Pfeffer und mit dem Zitronensaft würzen.

4. Die Butter gut durchmischen, dann eventuell in ein Butter-Model füllen und im Kühlschrank wieder fest werden lassen.

5. Die Lammkoteletts aus der Marinade nehmen. Auf dem Heißen Stein pro Seite 5–8 Minuten braten, je nachdem, wie dick die Koteletts sind und wie rosa man sie haben will. Die Knoblauchbutter dazu reichen.

■ Dazu passen auf dem Stein gegrillte Tomatenscheiben, gewürzt mit frischem Thymian.

Kalbsleber mit Apfel und Zwiebel

Zutaten für 4 Personen:
500 g Kalbsleber, in etwa 1 cm dicken Scheiben (beim Metzger vorbestellen)
2 Eßl. Öl
2 Eßl. trockener Sherry (Fino)
1 Zweig frischer oder 1 Teel. getrockneter Thymian
Salz
schwarzer Pfeffer, frisch gemahlen
2 Äpfel
Zitronensaft
8 Schalotten

Gelingt leicht

Pro Person etwa: 1100 kJ/260 kcal

Zubereitungszeit: etwa 30 Minuten
+ 1 Stunde Marinierzeit

1. Die Kalbsleber waschen, trockentupfen, in etwa 1½ cm breite Streifen schneiden und in eine flache Schüssel legen.

2. Das Öl mit dem Sherry verrühren, mit dem Thymian und Pfeffer würzen. Die Mischung über die Leberstreifen träufeln und diese zugedeckt etwa 1 Stunde marinieren, zwischendurch einmal wenden.

3. Inzwischen die Äpfel schälen, achteln, von den Kerngehäusen befreien und mit Zitronensaft beträufeln. Auf einer Platte anrichten.

4. Die Schalotten schälen, kleine Exemplare ganz lassen, große halbieren, zu den Äpfeln auf die Platte legen.

5. Die Leberstreifen auf dem Heißen Stein in 3–5 Minuten garen (bei 3 Minuten sind sie innen noch rosa). Die Äpfel und die Schalotten in etwa 4 Minuten garen. Alles während des Bratens einmal wenden. Die Leberstreifen salzen (wenn man sie zu früh salzt, wird die Leber hart).

Schweinebauch-spießchen mit Kümmelkartoffeln

Zutaten für 4 Personen:
400 g kleine mehligkochende Kartoffeln
1 Eßl. Öl
1 Teel. Kümmelkörner
Salz
schwarzer Pfeffer, frisch gemahlen
600 g Schweinebauch, in etwa 4 mm dicke Scheiben geschnitten (etwa 16 Scheiben)
1 Teel. getrockneter Majoran
Holzspieße

Preiswert

Pro Person etwa: 2800 kJ/670 kcal

Zubereitungszeit: etwa 50 Minuten

1. Den Backofen auf 200° vorheizen. Die Kartoffeln schälen, waschen und längs halbieren.

2. Ein Backblech mit dem Öl einpinseln und mit dem Kümmel bestreuen. Die Kartoffelhälften mit der Schnittfläche nach unten nebeneinander auf das Backblech legen, salzen und pfeffern.

3. Die Kartoffeln im Backofen (Mitte) in etwa 40 Minuten garen.

4. Inzwischen die Schweinebauchscheiben von der Schwarte befreien und von beiden Seiten salzen, pfeffern und mit dem Majoran bestreuen. Das Fleisch schneckenförmig zusammenrollen. Jeweils 1 Fleischröllchen auf einen Holzspieß stecken.

5. Auf dem Heißen Stein etwa 5 Minuten braten, zwischendurch einmal wenden. Die Schweinebauchspießchen mit den Kümmelkartoffeln reichen.

Dazu paßt Rettichsalat.

Schweinemedaillons mit Basilikum

Zutaten für 4 Personen:
1 Schweinefilet von etwa 600 g
1 Eßl. scharfer Senf
1 Teel. Paprikapulver, edelsüß
1 Eßl. Öl
Salz
schwarzer Pfeffer, frisch gemahlen
1 Bund Basilikum
150 g durchwachsener Speck in 8 Scheiben
8 Holzzahnstocher

Gelingt leicht

Pro Person etwa: 2200 kJ/520 kcal

Zubereitungszeit: etwa 1 Stunde

1. Das Schweinefilet waschen, trockentupfen, von Häutchen und Fettstücken befreien und quer zur Faser in 8 fingerdicke Medaillons schneiden.

2. Den Senf mit dem Paprikapulver, dem Öl, Salz und Pfeffer verrühren. Die Schweinemedaillons rundum mit der Marinade einpinseln und etwa 30 Minuten zugedeckt im Kühlschrank ziehen lassen. Zwischendurch die Medaillons einmal wenden.

3. Inzwischen das Basilikum waschen, trockenschütteln und die Blättchen von den Stengeln zupfen.

4. Die Speckscheiben auf die Arbeitsfläche legen, jeweils 1 Basilikumblatt darauf verteilen. Die marinierten Schweinemedaillons und wieder 1 Basilikumblatt darauf setzen. Die Schweinemedaillons in den Speck einhüllen und jeweils mit 1 Zahnstocher zustecken.

5. Die Päckchen auf dem Heißen Stein je nach Dicke der Medaillons 10–12 Minuten braten, zwischendurch einmal wenden.

Dazu paßt Salat aus Tomaten und grünen Paprikaschoten mit einer Vinaigrette.

Schweineröllchen mit Salamifüllung

Zutaten für 4 Personen:
4 Schweineschnitzel (vom Metzger in möglichst dünne Scheiben von je etwa 150 g schneiden lassen)
Salz
schwarzer Pfeffer, frisch gemahlen
150 g Salami in dickeren Scheiben
8 Cornichons
8 Holzzahnstocher
2 Knoblauchzehen
2 Eßl. Öl
1 Prise Cayennepfeffer

Für Ungeübte

Pro Person etwa: 2000 kJ/480 kcal

Zubereitungszeit: etwa 40 Minuten

1. Die Schweineschnitzel waschen, trockentupfen, etwas flachklopfen und quer halbieren. Beidseitig salzen und pfeffern.

2. Die Salamischeiben von der Pelle befreien und auf die Schweineschnitzel legen. Jeweils 1 Cornichon darauf setzen und die Schweineschnitzel zu Röllchen formen. Mit Zahnstochern zustecken oder mit Küchengarn zusammenbinden.

3. Den Knoblauch schälen, in eine kleine Schüssel drücken, mit dem Öl verrühren, mit Salz, Pfeffer und dem Cayennepfeffer würzen.

4. Die gefüllten Fleischröllchen mit dem gewürzten Öl einpinseln und zugedeckt etwa 15 Minuten ziehen lassen.

5. Die Fleischröllchen auf dem Heißen Stein je nach Dicke 8–10 Minuten braten, zwischendurch mehrmals umdrehen.

Dazu paßt Kartoffel-Gurkensalat.

Gefüllte Putentäschchen

Zutaten für 4 Personen:
1 Brötchen vom Vortag
2 Schalotten
1 Eßl. Butter
1 Knoblauchzehe
150 g Putenleber (eventuell beim Metzger vorbestellen)
1 Eigelb
Salz
schwarzer Pfeffer, frisch gemahlen
1 Zweig frischer oder 1 Teel. getrockneter Thymian
8 dünne Putenschnitzel, je etwa 100 g
8 Holzzahnstocher

Raffiniert

Pro Person etwa: 1800 kJ/430 kcal

Zubereitungszeit: etwa 45 Minuten

1. Das Brötchen in kaltem Wasser einweichen.

2. Die Schalotten schälen, fein hacken und in der heißen Butter bei schwacher Hitze weich dünsten. Den Knoblauch schälen und dazudrücken.

3. Das Brötchen gut ausdrücken und in eine Schüssel geben. Die gedünsteten Schalotten mit dem Knoblauch hinzufügen.

4. Die Putenleber im Mixer pürieren und mit dem Eigelb in die Schüssel geben. Die Thymianblättchen vom Stiel abstreifen. Zu der Leber geben. Alles gut mischen und mit Salz und Pfeffer kräftig würzen.

5. Die Putenschnitzel waschen, trockentupfen, auf einer Arbeitsfläche flachklopfen, salzen und pfeffern. Die Füllung darauf verteilen, die Schnitzelränder etwas einschlagen, die Schnitzel zusammenklappen und rundum mit Zahnstochern fest zustecken.

6. Die Putentäschchen auf dem Heißen Stein 12–15 Minuten braten, zwischendurch einmal wenden.

Kalbsschnitzelspieße mit Paprika

Zutaten für 4 Personen:
600 g Kalbsschnitzel
1 große rote Paprikaschote, etwa 250 g
Holzzahnstocher
Salz
schwarzer Pfeffer, frisch gemahlen
Paprikapulver, edelsüß
1 Zweig frischer oder 1 Teel. getrockneter Oregano

Gelingt leicht

Pro Person etwa: 670 kJ/160 kcal

Zubereitungszeit: etwa 25 Minuten

1. Die Kalbsschnitzel waschen, trockentupfen und in etwa 1½ cm große Würfel schneiden.

2. Die Paprikaschote halbieren, vom Kernhaus und den weißen Rippen befreien und waschen. Das Fruchtfleisch in Quadrate von der Größe der Fleischwürfel schneiden.

3. Die Fleischwürfel abwechselnd mit den Paprikaschotenwürfeln auf Holzzahnstocher stecken. Die Spießchen mit Salz, Pfeffer, Paprikapulver und dem Oregano gleichmäßig bestreuen.

4. Auf dem Heißen Stein 5–6 Minuten braten, zwischendurch einmal wenden.

Dazu paßt Tomaten- oder Paprikareis.

Im Bild oben: Gefüllte Putentäschchen
Im Bild Mitte:
Kalbsschnitzelspieße mit Paprika
Im Bild unten:
Schweineröllchen mit Salamifüllung

Hühnerspießchen mit Mango

Zutaten für 4 Personen:
500 g Hähnchenbrustfilets
1 große reife Mango, etwa 350 g
1 Banane
Zitronensaft
Holzzahnstocher
3 Eßl. Öl
1 Eßl. Currypulver
Salz
schwarzer Pfeffer, frisch gemahlen
1 Teel. Sojasauce
1 Teel. Kokosflocken
200 g Sahne
1 Prise Cayennepfeffer

Braucht etwas Zeit

Pro Person etwa: 1900 kJ/450 kcal

Zubereitungszeit: etwa 30 Minuten
+ 2 Stunden Marinierzeit

1. Das Fleisch eventuell von Haut befreien und in etwa 1½ cm große Würfel schneiden.

2. Die Mango schälen und das Fruchtfleisch in großen Stücken rund um den Kern abschneiden. Etwa zwei Drittel davon in Würfel von 1½ cm Kantenlänge schneiden. Die Banane in etwa 1 cm dicke Scheiben schneiden und sofort mit Zitronensaft beträufeln, damit sie sich nicht dunkel färben.

3. Das Hähnchenfleisch abwechselnd mit dem Obst auf Holzzahnstocher stecken. Je Spieß 3 Fleischwürfel, jeweils 1 Stück Mango und 1 Scheibe Banane dazwischen »auffädeln«.

4. Aus dem Öl, dem Curry, 1 Eßlöffel Zitronensaft, Salz, Pfeffer, der Sojasauce und den Kokosflocken eine Marinade rühren, die Spießchen damit übergießen und etwa 2 Stunden zugedeckt im Kühlschrank marinieren.

5. Das restliche Mangofleisch pürieren und mit der Sahne cremig einkochen lassen. Mit Salz, Pfeffer, dem Cayennepfeffer und Zitronensaft würzen und warm oder kalt servieren.

6. Die Spieße etwa 6 Minuten braten, zwischendurch einmal wenden.

Entenbrust mit Ananas

Zutaten für 4 Personen:
600 g Entenbrust ohne Knochen
4 Eßl. Sojasauce
3 Eßl. Sesamöl aus geröstetem Sesam
Salz
schwarzer Pfeffer, frisch gemahlen
2 Babyananas oder ½ große Ananas

Raffiniert

Pro Person etwa: 1900 kJ/450 kcal

Zubereitungszeit: etwa 40 Minuten

1. Die Entenbrust waschen, trockentupfen, längs halbieren und in etwa ½ cm dicke Scheiben schneiden. Die Scheiben in eine flache Schüssel legen.

2. Die Sojasauce mit dem Sesamöl verrühren, mit Salz und Pfeffer würzen, über die Entenbrustscheiben gießen und diese zugedeckt im Kühlschrank etwa 20 Minuten marinieren.

3. Inzwischen die beiden Babyananas oder die halbe große Ananas vom Schopf befreien. Die Früchte schälen und das Fruchtfleisch etwa so wie die Entenbrustscheiben zurechtschneiden. Auf einer Platte bereitstellen.

4. Die Entenbrustscheiben aus der Marinade nehmen und etwas abtropfen lassen. Auf dem Heißen Stein etwa 5 Minuten braten, zwischendurch mehrmals wenden.

5. Die Ananaswürfel mit auf den Heißen Stein legen und unter mehrmaligem Wenden etwa 4 Minuten braten.

Geflügelfrikadellen mit Currysahne

Zutaten für 4 Personen:
1 kleine Zwiebel
1 Eßl. Butter
500 g Putenschnitzel
1 Eßl. gemahlene Mandeln
2 Eigelb
Salz
schwarzer Pfeffer, frisch gemahlen
2 Eßl. gerösteter Sesam
250 g Sahne
2 Eßl. Currypulver
1 Kästchen Kresse

Exklusiv

Pro Person etwa: 1700 kJ/400 kcal

Zubereitungszeit: etwa 45 Minuten

1. Die Zwiebel schälen und fein würfeln. In der heißen Butter in einer Pfanne bei schwacher Hitze weich dünsten.

2. Die Putenschnitzel waschen, trockentupfen, im elektrischen Blitzhacker fein zerkleinern und in eine Schüssel geben. Die gedünstete Zwiebel, die Mandeln und die Eigelbe hinzufügen und alles gut verkneten. Mit Salz und Pfeffer kräftig würzen, den gerösteten Sesam untermischen.

3. Mit angefeuchteten Händen etwa 12 walnußgroße Fleischküchlein formen und etwas flachdrücken.

4. In einem kleinen Topf die Sahne mit dem Curry verrühren und aufkochen. Etwa 5 Minuten köcheln lassen, dabei mit dem Schneebesen durchschlagen. Mit Salz und Pfeffer abschmecken.

5. Die Kresse abbrausen und die Blättchen mit der Schere direkt über dem Topf in die Sauce schneiden.

6. Die Geflügelfrikadellen auf dem Heißen Stein 8–10 Minuten braten, zwischendurch einmal wenden. Die Currysahne dazu reichen.

Tip!
Gerösteten Sesam gibt es fertig zu kaufen. Wenn Sie keinen bekommen, können Sie einfach dieselbe Menge ungeschälten Sesam in eine beschichtete Pfanne ohne Fett geben. Den Sesam dann bei mittlerer Hitze unter häufigem Wenden 1–2 Minuten rösten, bis er angenehm duftet.

Variante:
Die Sauce schmeckt noch exotischer, wenn Sie etwa 2 Eßlöffel gemahlene ungesalzene Erdnüsse untermischen.

Wirsingröllchen

Zutaten für 4 Personen:
Salz
1 kleiner Wirsing, etwa 500 g
300 g Putenschnitzel (eventuell schon vom Metzger zu Hackfleisch verarbeiten lassen)
1 Eßl. Kapern
100 g Crème fraîche
schwarzer Pfeffer, frisch gemahlen
1 Prise Cayennepfeffer
Zitronensaft
8 Holzzahnstocher

Raffiniert

Pro Person etwa: 920 kJ/220 kcal

Zubereitungszeit: etwa 45 Minuten

1. 2–3 l Wasser mit Salz zum Kochen bringen. Vom Wirsing die äußeren unansehnlichen Blätter entfernen. Dann 12 schöne Blätter abtrennen, im kochenden Salzwasser etwa 2 Minuten blanchieren (sprudelnd kochen lassen), eiskalt abschrecken und in einem Sieb sehr gut abtropfen lassen.

2. Bei den Wirsingblättern die dicke Rippe flachschneiden. 4 Blätter davon in ganz feine Streifen schneiden.

3. Das Putenfleisch waschen, trockentupfen, grob zerschneiden und im elektrischen Blitzhacker fein zerkleinern oder durch die kleinste Scheibe des Fleischwolfs drehen.

4. Die Kapern kleinhacken und zu dem durchgedrehten Putenfleisch geben. Die Crème fraîche und die kleingeschnittenen Wirsingstreifen hinzufügen und gründlich untermischen. Die Masse mit Salz, Pfeffer, dem Cayennepfeffer und Zitronensaft kräftig würzen.

5. Die restlichen 8 Wirsingblätter auf einer Arbeitsfläche ausbreiten, salzen und pfeffern. Die Füllung gleichmäßig darauf verteilen und wie kleine Röllchen einpacken. Dafür erst die Ränder einschlagen und dann aufrollen. Die Päckchen flachdrücken. Mit Zahnstochern zustecken.

6. Auf dem Heißen Stein etwa 10 Minuten braten, zwischendurch einmal wenden.

Tip!
Dazu paßt hervorragend eine Schafkäse-Sauce:
200 g Sahne aufkochen, 200 g Schafkäse hineinbröckeln und so lange rühren, bis sich der Käse aufgelöst hat. Mit Salz und Pfeffer abschmecken. Warm oder kalt zu den Wirsingröllchen reichen.

CANTINA SOCIALE DEL VERMENTINO

Rehmedaillons mit Preiselbeersauce

Zutaten für 4 Personen:
8 Rehmedaillons, je etwa 50 g, aus dem Filet geschnitten (beim Wildhändler vorbestellen)
2 Eßl. Öl
Salz
schwarzer Pfeffer, frisch gemahlen
1 kleine Zwiebel
1 Eßl. Butter
5 Eßl. Preiselbeeren aus dem Glas
¼ l Wildfond (aus dem Glas oder Fleischbrühe)
2 Eßl. Rotweinessig

Festlich

Pro Person etwa: 900 kJ/210 kcal

Zubereitungszeit: etwa 30 Minuten

1. Die Rehmedaillons waschen, trockentupfen, von allen Häutchen befreien. Mit dem Handballen flachdrücken und nebeneinander auf eine Platte legen.

2. Das Öl mit Salz und Pfeffer gründlich verrühren und die Rehmedaillons damit einpinseln. Zugedeckt etwa 15 Minuten ziehen lassen.

3. Inzwischen für die Sauce die Zwiebel schälen und ganz fein hacken. Die Butter in einer Kasserolle erhitzen und die Zwiebel darin bei schwacher Hitze andünsten.

4. Die Preiselbeeren einrühren, mit dem Wildfond aufgießen, aufkochen und etwas einköcheln lassen. Die Sauce mit Salz, Pfeffer und dem Rotweinessig süß-sauer abschmecken, durch ein Sieb gießen und in einer Sauciere warm halten.

5. Die Rehmedaillons auf dem Heißen Stein 6–8 Minuten braten, zwischendurch einmal wenden. Die Sauce dazu reichen.

■ Dazu passen Prinzeßbohnen mit Frühstücksspeck (Seite 80).

Entenbrust mit Nektarinen

Zutaten für 4 Personen:
600 g Entenbrust ohne Knochen (beim Metzger vorbestellen)
Salz
schwarzer Pfeffer, frisch gemahlen
1 Prise Cayennepfeffer
300 g Nektarinen oder Pfirsiche

Festlich

Pro Person etwa: 1600 kJ/380 kcal

Zubereitungszeit: etwa 25 Minuten

1. Die Entenbrüstchen waschen, trockentupfen und schräg in etwa ½ cm dicke Scheiben schneiden. Mit Salz, Pfeffer und dem Cayennepfeffer kräftig würzen und auf einer Platte anrichten.

2. Die Nektarinen oder Pfirsiche waschen, halbieren, den Stein herauslösen und das Fruchtfleisch in schmale Spalten schneiden. Zu den Entenbrüstchen auf die Platte legen.

3. Die Entenbrustscheiben auf dem Heißen Stein etwa 5 Minuten braten, zwischendurch einmal wenden.
Die Nektarinen- oder Pfirsichspalten nach etwa 3 Minuten dazulegen und ebenfalls beim Braten einmal wenden.

Tintenfische mit Senfsauce

Zutaten für 4 Personen:
16 kleine oder 8 größere küchenfertige Tintenfische
Zitronensaft
Salz
schwarzer Pfeffer, frisch gemahlen
Paprikapulver, edelsüß
2 Bund Frühlingszwiebeln
1 Eßl. Butter
2 Eßl. trockener Sherry (Fino)
2 Eßl. scharfer Senf
200 g Crème fraîche

Raffiniert

Pro Person etwa: 1600 kJ/380 kcal

Zubereitungszeit: etwa 40 Minuten

1. Die Tintenfische waschen, trockentupfen und je nach Größe der Länge nach halbieren oder vierteln. Mit Zitronensaft, Salz, Pfeffer und Paprikapulver kräftig würzen.

2. Die Frühlingszwiebeln putzen, waschen, das Grün abschneiden und beiseite legen. Das Weiße der Zwiebeln längs halbieren, salzen und pfeffern.

3. Die Tintenfische und die weißen Frühlingszwiebelteile auf einer Platte dekorativ anrichten.

4. Für die Sauce das Grün der Frühlingszwiebeln in sehr feine Ringe schneiden. Die Butter erhitzen und die Frühlingszwiebeln darin etwa 2 Minuten bei mittlerer Hitze braten. Mit dem Sherry ablöschen und diesen einkochen lassen. Den Senf und die Crème fraîche einrühren. Alles etwa 2 Minuten bei mittlerer Hitze köcheln lassen, bis die Sauce eine cremige Konsistenz hat. Die Sauce mit Salz, Pfeffer und Zitronensaft abschmecken und weitere 3 Minuten köcheln lassen.

5. Die Tintenfische mit den Frühlingszwiebeln auf dem Heißen Stein 3–4 Minuten braten, zwischendurch einmal wenden. Die Sauce warm oder kalt zu den Tintenfischen reichen.

Haifischsteaks mit Mango-Mayonnaise

Zutaten für 4 Personen:
4 Haifischsteaks, je etwa 150 g (im Fischgeschäft eventuell bestellen)
Saft von 1 Zitrone
1½ Teel. Dijonsenf
3 Eßl. Olivenöl
Salz
weißer Pfeffer, frisch gemahlen
1 Eigelb
⅛ l Pflanzenöl
1 reife Mango

Exklusiv

Pro Person etwa: 2500 kJ/600 kcal

Zubereitungszeit: etwa 35 Minuten

1. Die Haifischsteaks kalt abspülen und trockentupfen. Falls noch vorhanden, Gräten und Haut entfernen.

2. Den Zitronensaft bis auf einen kleinen Rest mit 1 Teelöffel Senf und dem Olivenöl gründlich verrühren. Mit Salz und Pfeffer würzen und die Haifischsteaks damit bestreichen. Im Kühlschrank zugedeckt etwa 20 Minuten ziehen lassen.

3. Inzwischen das Eigelb mit etwas Salz, dem restlichen Zitronensaft und dem restlichen Senf in eine Schüssel geben und mit dem Schneebesen des Handrührgerätes verrühren. Dann unter ständigem Rühren das Öl zuerst tropfenweise, dann in dünnem Strahl dazufließen lassen, bis eine cremige Masse entstanden ist.

4. Die Mango schälen, das Fruchtfleisch vom Kern schneiden und im Mixer pürieren. Das Mangopüree unter die Mayonnaise mischen und mit Salz und Pfeffer abschmecken.

5. Die Haifischsteaks etwas abtropfen lassen und auf dem Heißen Stein 8–10 Minuten braten, zwischendurch einmal wenden. Die Mango-Mayonnaise dazu reichen.

Varianten:
Es muß nicht immer Haifisch sein! Für dieses Rezept können Sie auch andere Fischsorten verwenden.

Dorschcreme im Salatmantel

Zutaten für 4 Personen:
1 Romanasalat, etwa 400 g
Salz
400 g Dorschfilet
2 Eßl. Crème fraîche
weißer Pfeffer, frisch gemahlen
1 Teel. abgeriebene Schale von
1 unbehandelten Zitrone
Zitronensaft
1 Eigelb
1 Bund Dill
Holzzahnstocher

Raffiniert

Pro Person etwa: 930 kJ/220 kcal

Zubereitungszeit: etwa 40 Minuten

1. Den Romanasalat vorsichtig in die einzelnen Blätter zerteilen und waschen. Reichlich Salzwasser zum Kochen bringen und 12 große Salatblätter darin etwa ½ Minute blanchieren (sprudelnd kochen lassen), anschließend eiskalt abschrecken und ausgebreitet auf einem Küchentuch trocknen lassen.

2. Das Fischfilet kalt abspülen, trockentupfen und in grobe Würfel schneiden. Dann mit der Crème fraîche im Mixer pürieren. Das Fischpüree mit Salz, Pfeffer, der Zitronenschale und Zitronensaft kräftig würzen, das Eigelb unterrühren.

3. Den Dill waschen und trockenschütteln, die Blättchen abzupfen, fein hacken und unter die Fischmasse rühren.

4. Von den ausgebreiteten Salatblättern die Rippen flachschneiden. Die Fischmasse als Häufchen auf die Blätter setzen, die Ränder einschlagen und die Blätter zusammenrollen, so daß kleine Schnecken entstehen. Mit Zahnstochern zustecken.

5. Die Päckchen auf dem Heißen Stein in 5–6 Minuten garen, zwischendurch einmal wenden.

Tip!
Die restlichen Salatblätter in breite Streifen schneiden, 250 g geachtelte Tomaten dazugeben und den gemischten Salat mit einer Vinaigrette würzen.

■ Dazu paßt Knoblauchmayonnaise.

Variante:
Für den »Mantel« können Sie auch Chicorée oder Wirsing nehmen. Diesen wie den Romanasalat kurz in sprudelnd kochendem Salzwasser blanchieren. Weiterverfahren wie im Rezept angegeben.

Schollenfilets mit Pestofüllung

Zutaten für 4 Personen:
2 Bund Basilikum
2 Knoblauchzehen
2 Eßl. Pinienkerne
Salz
schwarzer Pfeffer, frisch gemahlen
4 Eßl. Olivenöl, kaltgepreßt
2 Eßl. Parmesan, frisch gerieben
400 g Schollenfilets
Saft von ½ Zitrone
Holzzahnstocher

Raffiniert

Pro Person etwa: 1200 kJ/290 kcal

Zubereitungszeit: etwa 45 Minuten

1. Für den Pesto das Basilikum waschen, trockenschütteln, die Blättchen abzupfen und grob hacken, in eine Schüssel geben. Den Knoblauch schälen, grob hacken und mit den Pinienkernen dazugeben. Mit Salz und Pfeffer würzen. Diese Zutaten in einem Mörser zu einer Paste zerstampfen oder mit dem Pürierstab oder im Mixer fein pürieren.

2. Die Basilikumpaste in eine Schale füllen und langsam das Olivenöl und den Parmesan unterrühren, bis eine dicke Creme entstanden ist. Abschmecken und, falls nötig, mit Salz und Pfeffer nachwürzen.

3. Die Schollenfilets kalt abspülen, trockentupfen und auf die Arbeitsfläche legen. Etwas flachklopfen. Mit dem Zitronensaft beträufeln, salzen und pfeffern.

4. Den Pesto gleichmäßig auf die Fischfilets streichen und diese von der Schmalseite her aufrollen. Mit Zahnstochern zusammenhalten.

5. Die Röllchen auf dem Heißen Stein etwa 5 Minuten von allen Seiten braten.

■ Als Beilage paßt Kopfsalat mit Radicchiostreifen oder gebratene Tomaten mit Basilikum.

Variante:
Wenn's ganz edel sein soll, können Sie statt der Schollenfilets Seezungenfilets verwenden.

Jakobsmuscheln mit Avocado

Zutaten für 4 Personen:
350 g Jakobsmuscheln, ausgelöst (frisch oder tiefgekühlt)
1 Zitrone
2 Eßl. Sesamöl aus geröstetem Sesam
Salz
weißer Pfeffer, frisch gemahlen
1 Prise Cayennepfeffer
3–4 Knoblauchzehen
1 Eßl. Butter
1 Eßl. gemahlene Pistazienkerne
150 g Mascarpone
⅛ l Weißwein
2 reife Avocados

Exklusiv

Pro Person etwa: 2100 kJ/500 kcal

Zubereitungszeit: etwa 50 Minuten

1. Tiefgekühlte Jakobsmuscheln auftauen lassen. Die Muscheln waschen und trockentupfen. Die Zitrone auspressen und die Hälfte des Saftes mit dem Sesamöl mischen. Mit Salz, Pfeffer und dem Cayennepfeffer würzen. Die Jakobsmuscheln auf eine Platte legen und mit der Mischung übergießen. Zugedeckt mindestens 30 Minuten im Kühlschrank ziehen lassen, zwischendurch einmal wenden.

2. Für die Sauce die Knoblauchzehen schälen und quer in sehr dünne Scheibchen schneiden. Die Butter in einem kleinen Topf erhitzen und den Knoblauch darin bei mittlerer Hitze goldbraun anbraten. Die gemahlenen Pistazien und den Mascarpone unterrühren. Den Weißwein dazugießen, alles verrühren und zu einer dicklichen Sauce einkochen lassen. Mit Salz und Pfeffer abschmecken.

3. Inzwischen die Avocados längs halbieren, vom Stein befreien und die Schale abschälen. Die Fruchthälften längs in schmale Spalten schneiden, fächerartig auf eine Platte legen, salzen, pfeffern und mit dem restlichen Zitronensaft beträufeln.

4. Die Jakobsmuscheln mit den Avocadospalten jeweils in etwa 3 Minuten auf dem Heißen Stein garen, zwischendurch einmal wenden. Die Knoblauchsauce dazu reichen.

Marinierte Scampi

Zutaten für 4 Personen:
2 Bund Dill
2 Knoblauchzehen
1 Zitrone
3 Eßl. Sesamöl aus geröstetem Sesam
Salz
schwarzer Pfeffer, frisch gemahlen
16 frische Scampi, ungeschält (auch bekannt als Hummerkrabben, Riesengarnelenschwänze oder Gambas)

Festlich

Pro Person etwa: 500 kJ/120 kcal

Zubereitungszeit: etwa 20 Minuten + 1 Stunde Marinierzeit

1. Den Dill waschen, trockenschütteln, abzupfen, sehr fein hacken und in eine flache Schale geben.

2. Den Knoblauch schälen und durch die Knoblauchpresse dazudrücken.

3. Die Zitrone halbieren, auspressen und den Zitronensaft mit dem Sesamöl unter den Dill rühren, mit Salz und Pfeffer kräftig würzen.

4. Die Scampi aus den Schalen lösen, dabei den Schwanz dranlassen. Den Rücken entlang aufschlitzen, um den schwarzen Darm zu entfernen. Den Darm mit einem spitzen Messer herausnehmen und die Scampi unter fließendem kaltem Wasser abspülen. Mit Küchenpapier trockentupfen, in die Marinade legen und zugedeckt etwa 1 Stunde im Kühlschrank durchziehen lassen, zwischendurch mehrmals wenden.

5. Die Scampi aus der Marinade nehmen, etwas abtupfen und auf einer Platte anrichten. Auf dem Heißen Stein in etwa 6 Minuten garen, zwischendurch einmal wenden.

Tip!

200 g Frischkäse in einer Schüssel mit einer Gabel verrühren, die Marinade dazugeben und die Masse mit Salz und Pfeffer abschmecken. Als Dip zu den Scampi reichen.

Mariniertes Gemüse

Zutaten für 4 Personen:
2 mittelgroße Zucchini, etwa 300 g
2 Stangen Lauch
3 Fenchelknollen
2 Bund Petersilie
3 Knoblauchzehen
⅛ l Olivenöl
Saft von 1 Zitrone
Salz
schwarzer Pfeffer, frisch gemahlen

Köstliche Beilage

Pro Person etwa: 740 kJ/180 kcal

Zubereitungszeit: etwa 45 Minuten + 1 Stunde Marinierzeit

1. Die Zucchini waschen, die Stielansätze entfernen und die Früchte in etwa ½ cm dicke Scheiben schneiden.

2. Den Lauch putzen, längs aufschlitzen und aufklappen, unter fließendem Wasser gut waschen und schräg in etwa ½ cm dicke Ringe schneiden.

3. Die Fenchelknollen waschen, vom Grün befreien, längs halbieren und dann quer in ½ cm dicke Scheiben schneiden. Das Fenchelgrün fein hacken und beiseite stellen.

4. Die Petersilie abbrausen, trockenschütteln, die Blättchen abzupfen, fein hacken und in eine Schüssel füllen. Den Knoblauch schälen und dazudrücken. Das Öl und den Zitronensaft dazugießen, das gehackte Fenchelgrün einstreuen, alles gut mischen und mit Salz und Pfeffer würzen.

5. Das Gemüse lagenweise mit der Ölmischung bepinseln und am besten in eine große Schüssel einschichten. Zugedeckt etwa 1 Stunde marinieren.

6. Das marinierte Gemüse auf dem Heißen Stein braten: die Zucchinischeiben pro Seite etwa 3 Minuten, die Lauchringe ebenfalls pro Seite etwa 3 Minuten, den Fenchel pro Seite etwa 4 Minuten garen.

Schinkenröllchen mit grünem Spargel

Zutaten für 4 Personen:
500 g grüner Spargel
Salz
250 g gekochter Schinken in Scheiben
4 Eßl. Parmesan, frisch gerieben
schwarzer Pfeffer, frisch gemahlen
Holzzahnstocher
2 Eigelb
200 ml Öl
2 Bund frischer Kerbel
Zitronensaft

Gelingt leicht

Pro Person etwa: 3400 kJ/810 kcal

Zubereitungszeit: etwa 50 Minuten

1. Den Spargel waschen, das untere Drittel schälen und dabei die Enden abschneiden. Den Spargel in kochendem Salzwasser 8–10 Minuten garen, herausnehmen, eiskalt abschrecken und sehr gut abtropfen lassen.

2. Die Schinkenscheiben vom Fettrand befreien und längs halbieren. Auf der Arbeitsfläche auslegen. Mit dem Parmesan und Pfeffer gleichmäßig bestreuen.

3. Die Spargelstangen halbieren und jeweils 2–4 Stangen auf den Schinken legen. Zusammenrollen und mit Zahnstochern feststecken.

4. Für die Sauce die Eigelbe mit etwas Salz und Pfeffer in einer Schüssel verrühren. Das Öl zuerst tropfenweise, dann in dünnen Strahl dazufließen lassen, dabei ständig mit den Schneebesen des Handrührgerätes weiterschlagen, bis eine cremige Mayonnaise entstanden ist.

5. Den Kerbel waschen und trockenschütteln, die Blättchen abzupfen und fein hacken. Unter die Mayonnaise rühren und diese mit Salz, Pfeffer und Zitronensaft abschmecken.

6. Die Schinkenröllchen auf dem Heißen Stein in etwa 6 Minuten garen, zwischendurch öfters umdrehen.

Prinzeßbohnen mit Frühstücksspeck

Zutaten für 4 Personen:
400 g Prinzeßbohnen
Salz
12 Scheiben Frühstücksspeck
Holzzahnstocher
100 g Roquefort
125 g Sahnequark
weißer Pfeffer, frisch gemahlen

Schnell

Pro Person etwa: 2000 kJ/480 kcal

Zubereitungszeit: etwa 30 Minuten

1. Die Prinzeßbohnen putzen. Salzwasser zum Kochen bringen und die Bohnen darin 8–10 Minuten garen, abgießen, eiskalt abschrecken und in einem Sieb gut abtropfen lassen.

2. Den Frühstücksspeck auf einer Platte ausbreiten, die Prinzeßbohnen darauf verteilen und in den Speck einrollen. Die Päckchen mit Zahnstochern zustecken.

3. Den Roquefort grob zerbröckeln und mit dem Sahnequark im Mixer pürieren. Die Roquefortcreme mit Salz und Pfeffer abschmecken und in einer kleinen Schüssel anrichten.

4. Die eingewickelten Prinzeßbohnen auf dem Heißen Stein etwa 6 Minuten braten, dabei immer wieder drehen. Die Roquefortcreme dazu reichen.

Möhrenrösti

Zutaten für 4 Personen:
500 g festkochende Kartoffeln, zum Beispiel Sieglinde
150 g Möhren
1 Eßl. Zitronensaft
1 kleine Zwiebel
3 Eigelb
Salz
schwarzer Pfeffer, frisch gemahlen
Muskatnuß, frisch gerieben

Braucht etwas Zeit

Pro Person etwa: 810 kJ/190 kcal

Zubereitungszeit: etwa 45 Minuten + 12 Stunden Abkühlzeit für die Kartoffeln

1. Die Kartoffeln waschen, in einen Topf geben, knapp mit Wasser bedecken und in 30–35 Minuten weich kochen. Abgießen und am besten über Nacht abkühlen lassen.

2. Die Kartoffeln schälen und auf der Küchenreibe fein raspeln, in eine Schüssel geben.

3. Die Möhren waschen, schälen, ebenso raspeln, mit dem Zitronensaft beträufeln und zu den Kartoffeln geben.

4. Die Zwiebel schälen und sehr fein hacken. Mit den Eigelben unter die Kartoffel-Möhren-Raspel mischen. Alles gut verrühren und mit Salz, Pfeffer und Muskat würzen.

5. Aus der Masse mit angefeuchteten Händen etwa 16 Küchlein von 6 cm Durchmesser und etwa ½ cm Dicke formen.

6. Auf dem Heißen Stein portionsweise etwa 6 Minuten braten, zwischendurch mehrmals wenden.

Knoblauch-Eier-Küchlein

Zutaten für 4 Personen:
4 Eier
Salz
weißer Pfeffer, frisch gemahlen
3 Eßl. Mascarpone
4 Knoblauchzehen
1 Bund Basilikum

Schnell

Pro Person etwa: 1000 kJ/240 kcal

Zubereitungszeit: etwa 25 Minuten

1. Die Eier in eine Schüssel aufschlagen und mit Salz und Pfeffer verrühren.

2. Den Mascarpone mit einem Schneebesen unterrühren.

3. Die Knoblauchzehen schälen und direkt zu den Eiern in die Schüssel pressen. Das Basilikum abbrausen, trockenschütteln, die Blättchen abzupfen, fein schneiden und unter die Eiermischung rühren.

4. Mit einer kleinen Schöpfkelle den Teig auf den Heißen Stein gießen. Es sollen 8 Küchlein von etwa 10 cm Durchmesser entstehen. Die Eierküchlein portionsweise je etwa 2 Minuten braten, zwischendurch einmal wenden.

Ein Klacks Crème fraîche und etwas Forellenkaviar passen gut zu den Küchlein.

Im Bild oben links:
Prinzeßbohnen mit Frühstücksspeck
Im Bild oben rechts:
Knoblauch-Eier-Küchlein
Im Bild unten: Möhrenrösti

Tofu-Kräuter-Frikadellen

Zutaten für 4 Personen:
500 g ungewürzter Tofu
1 Ei
2 Eßl. Haferflocken
1 mittelgroße Zwiebel
1 Bund gemischte Kräuter (Petersilie, Dill, Schnittlauch)
1 Knoblauchzehe
Salz
weißer Pfeffer, frisch gemahlen
2 Eßl. Sojasauce
1 Teel. Paprikapulver, scharf

Vegetarisch

Pro Person etwa: 730 kJ/170 kcal

Zubereitungszeit: etwa 30 Minuten

1. Den Tofu mit einer Gabel grob zerkleinern. Das Ei und die Haferflocken gründlich untermischen.

2. Die Zwiebel schälen und sehr fein würfeln. Die Kräuter waschen, trockenschütteln, abzupfen und sehr fein hacken. Mit der Zwiebel zu der Tofumischung geben.

3. Den Knoblauch schälen und durch die Presse dazudrücken.

4. Die Masse gut durchrühren und mit Salz, Pfeffer, der Sojasauce und dem Paprikapulver kräftig würzen. Mit angefeuchteten Händen 16 tischtennisballgroße Kugeln formen und etwas flachdrücken.

5. Die Frikadellen auf dem Heißen Stein etwa 8 Minuten braten, zwischendurch einmal wenden.

Tip!

Dazu paßt eine kalte Tomatensauce: 500 g Tomaten mit kochendem Wasser ganz kurz überbrühen, häuten, entkernen und fein hacken. Mit Salz und Pfeffer würzen. 1 Eßlöffel Aceto balsamico und 2 Eßlöffel Olivenöl unterrühren. 2 Knoblauchzehen dazudrücken. 1 Bund Basilikum waschen, die Blättchen abzupfen und grob schneiden. Zu der Tomatensauce geben und alles gut verrühren.

Grünkernbratlinge

Zutaten für 4 Personen:
2 Zwiebeln
2 Eßl. Öl
125 g Grünkernschrot (am besten im Reformhaus oder Naturkostladen schroten lassen)
300 ml Gemüsebrühe
1 kleine Stange Lauch
2 Möhren
2 Eigelb
50 g Semmelbrösel
Salz
schwarzer Pfeffer, frisch gemahlen
1 Prise Muskatnuß, frisch gerieben

Vegetarisch

Pro Person etwa: 1700 kJ/400 kcal

Zubereitungszeit: etwa 45 Minuten

1. Die Zwiebeln schälen und fein würfeln. Das Öl in einem Topf erhitzen und die Zwiebelwürfel darin bei schwacher Hitze andünsten.

2. Den Grünkernschrot dazugeben und unter Rühren kurz anbraten. Mit der Gemüsebrühe aufgießen und alles etwa 20 Minuten bei schwacher Hitze zugedeckt quellen lassen.

3. Inzwischen den Lauch putzen, längs aufschneiden, aufklappen, unter fließendem Wasser waschen und in feine Ringe schneiden. Die Möhren schälen, waschen und auf der Gemüsereibe fein raspeln. Das Gemüse nach etwa 10 Minuten unter den Grünkernschrot mischen und mitgaren.

4. Den Topf vom Herd nehmen und den Inhalt etwas abkühlen lassen.

5. Die Eigelbe mit den Semmelbröseln gründlich unter die Masse mischen und diese mit Salz, Pfeffer und dem Muskat kräftig würzen.

6. Mit angefeuchteten Händen 12 kleine Bällchen formen und flachdrücken, damit Küchlein daraus werden. Auf dem Heißen Stein in etwa 10 Minuten garen, zwischendurch einmal wenden.

Tip!

Dazu paßt Feldsalat: 150 g Feldsalat vorbereiten. 2 Schalotten fein würfeln und mit dem Feldsalat in eine Schüssel füllen. Aus 2 Eßlöffeln Rotweinessig, 2 Eßlöffeln Walnußöl, Salz und Pfeffer mit dem Schneebesen eine Sauce rühren, über den Salat gießen und diesen darin mehrmals wenden. 50 g Walnußkerne grob hacken und zum Schluß darüber streuen.

Kartoffel-Speck-Plätzchen

Zutaten für 4 Personen:
500 g mittelgroße mehligkochende Kartoffeln
Salz
2 Zwiebeln
1 Eßl. Öl
100 g durchwachsener Speck in Scheiben
2 Eier
schwarzer Pfeffer, frisch gemahlen
1 Prise Muskatnuß, frisch gerieben
2 Eßl. Mehl

Preiswert

Pro Person etwa: 1700 kJ/400 kcal

Zubereitungszeit: etwa 1 Stunde

1. Die Kartoffeln waschen, in einen Topf geben, mit Wasser bedecken, salzen und in etwa 30 Minuten weich kochen.

2. Inzwischen die Zwiebeln schälen, fein würfeln und im heißen Öl bei mittlerer Hitze weich braten.

3. Den Speck von der Schwarte befreien, fein würfeln, zu den Zwiebeln geben und kurz mitbraten.

4. Die Kartoffeln pellen und noch heiß durch die Kartoffelpresse drücken. In einer Schüssel abkühlen lassen.

5. Die Zwiebel-Speck-Mischung mit den Eiern zu den Kartoffeln geben, alles mit Salz, Pfeffer und dem Muskat würzen. Zum Schluß das Mehl untermischen. Aus dem Kartoffelteig Plätzchen von etwa 3 cm Durchmesser formen. Dazu kastaniengroße Kügelchen rollen und diese zu knapp 1 cm hohen Plätzchen flachdrücken. Auf dem Heißen Stein etwa 8 Minuten braten, zwischendurch einmal wenden.

Maisküchlein

Zutaten für 4 Personen:
1 Zwiebel
2 Eßl. Butter
3 Knoblauchzehen
125 g Maismehl
Salz
schwarzer Pfeffer, frisch gemahlen
400 ml Fleischbrühe
2 Bund Petersilie
2 Eier
4 Eßl. Emmentaler, frisch gerieben

Preiswert

Pro Person etwa: 1400 kJ/330 kcal

Zubereitungszeit: etwa 30 Minuten

1. Die Zwiebel schälen und fein hacken. Die Butter in einem Topf erhitzen und die Zwiebel darin bei schwacher Hitze weich dünsten. Den Knoblauch schälen und darüber pressen. Das Maismehl dazugeben, kurz mit andünsten und mit Salz und Pfeffer würzen. Mit der Brühe aufgießen, aufkochen und bei schwacher Hitze etwa 7 Minuten quellen lassen, dabei ab und zu durchrühren. Den Topf vom Herd nehmen und die Maismasse abkühlen lassen.

2. Die Petersilie waschen, trockenschütteln, abzupfen und fein hacken. Die Eier unter die Maismasse mischen, den Käse und die Petersilie dazugeben. Die Masse nochmals abschmecken und, falls nötig, nachwürzen, da der Mais ziemlich viel Würzkraft aufsaugt.

3. Mit angefeuchteten Händen 12 oder 16 etwa 5-Mark-Stück große Küchlein formen und auf einer Platte anrichten.

4. Die Maisküchlein auf dem Heißen Stein etwa 6 Minuten braten, zwischendurch einmal wenden.

Die Küchlein sind eine schöne Beilage zu Fleisch, Fisch und Geflügel, schmecken aber auch solo mit einem Klacks Crème fraîche und etwas Forellenkaviar.

Wenn der Duft frisch gebackener Waffeln durch die ganze Wohnung strömt, drängt alles zur Küche hin. Kleine Nachwuchsbäcker, erwachsene Leute, Gäste und Gastgeber, alle versammeln sich dort zum großen Waffelgelage. Eins, zwei, drei wandert ein goldbraunes Knusperstück nach dem anderen direkt aus dem heißen Waffeleisen in die Hände der Umstehenden. Schwuppdiwupp wird das Gebäck vernascht – warm, am liebsten pur oder allenfalls mit etwas Zimt- oder Puderzucker bestreut. Waffelfans können geradezu Unmengen davon verdrücken. Das bringt die Bäckerin ganz schön in Schwung. Sie selber kommt dabei zu kurz, zum Essen hat sie keine Zeit. Wir meinen: das muß nicht sein! Erstens laden die meist in Blütenform angeordneten Waffelherzen zum Teilen ein. Zweitens kann man den Waffelautomaten aus seiner Verbannung in der Küche erlösen und direkt auf dem Eßtisch plazieren, mitten unter die Gästeschar. Dann kann jeder einmal seine Backtechnik unter Beweis stellen. Und die ist auch von Neulingen rasch zu erlernen. Dem Gastgeber bleiben dann nur »bescheidene« Vorbereitungsarbeiten: Teig anrühren, Waffeleisen anheizen, Beilagen auf den Tisch stellen – fertig! Kein Problem also, wenn sich überraschend Gäste zum Nachmittagskaffee oder -tee anmelden, jeder ist sein eigener Bäcker: Die Waffeln sind im Nu fertig, dazu gibt's frisches Obst, süße Sahne oder Eiscreme, und schon haben Sie die schönste Schleckerei. Auch als Dessert bezieht das Gebäck seinen Reiz aus dem Gegensatz von knuspriger Beschaffenheit und cremig-zarter Beilage. Oder wie wäre es zur Abwechslung mit deftigen Käse- oder Schinkenwaffeln? Abends zu einem Glas Bier oder Wein stillen sie ebenso gut den kleinen Hunger wie als Imbiß zwischendurch. Herzhaft gewürzte Waffeln schmecken auch prima zu kräftigen Ragouts und zu Gulasch. Ingwer- oder Korianderwaffeln passen statt Reis vorzüglich zu einem indischen Curry, eine chilischarfe Variante schmeckt mit einem kühlen Joghurt-Dip als appetitanregende Vorspeise. Waffeln – das ist ein Thema mit vielen Varianten, für zahlreiche Gelegenheiten.

Waffeln machen Kindern Spaß

Ob auf der Party, beim Familienfest oder zum Mitnehmen fürs Picknick, Waffeln sind immer ein Renner. Und ein Spaß, so recht nach dem Herzen von Kindern: Waffel in die Hand, nach Belieben in süße Saucen oder Sahne tauchen oder auch Früchte dazu essen. Was liegt da näher als zum Kinder-Waffelfest zu laden? Alles ist schnell vorbereitet: Drei verschiedene süße Teige anrühren, zum Beispiel mit Vanille, Nüssen und Haferflocken und den Eßtisch hübsch bunt gestalten. Jeder Junior-Gast bekommt seinen Teller und Löffel, in der Mitte des Tisches steht das Waffeleisen, drumherum Schälchen und Schüsseln mit den vorbereiteten Zutaten: Erdbeeren, Bananen, Kiwis und andere Früchte à la saison, portioniert und in Scheiben geschnitten, Schlagsahne mit Schokoladenstückchen und Krokant, Joghurt, Apfelmus, Pflaumenkompott und Orangencreme. Zu all diesen Leckerbissen servieren Sie Kakao, Fruchtsäfte und Mineralwasser. Beim Backen sollten Sie nur die größeren Kinder selbst zum Zuge kommen lassen, kleinere Kinder sollten schon fertig gebackene Waffeln bekommen. Jedenfalls kann es beim Essen ganz schön kleckern. Decken Sie den Tisch deshalb am besten mit Papiertischdecken, und verwenden Sie bruchsicheres Geschirr.

Das einfache Prinzip

Liebhaber könnten streiten, was die Waffel nun ist: ein Pfannkuchen mit Gittermuster, ein wabenförmiges Flachgebäck, ein großes Plätzchen. Immer aber einigt man sich in zwei Punkten: Der Teig muß zwischen zwei beheizten Platten gebacken werden. Früher sah das anders aus: Zangeneisen wurden über die heiße Flamme gehalten, erst von der einen Seite, dann von der anderen. Und die Waffeln waren flach, nur mit Mustern verziert. Bis findige Holländer auf die Idee kamen, die knusprige Oberfläche zu vergrößern und die Preßflächen des Waffeleisens deshalb mit Noppen versahen. So erhielt die Waffel ihre wabenförmige Struktur und den Namen: »Wafel« heißt aus dem Niederländischen übersetzt »Wabe, Wabenförmiges«.

Die rechten Helfer

Heute braucht man keine Eisen mehr ins Feuer zu halten – elektrische Geräte erleichtern das Backen. Waffeleisen gibt es in verschiedenen Formen und Ausführungen. Die beheizten Backflächen sind meist rund und mit fünf kreisförmig angeordneten Herzen ausgestattet, seltener rechteckig genoppt oder flach mit Motiven durchsetzt. Der Backvorgang läßt sich leicht überwachen – je nach Hersteller mit Hilfe einer rot-grünen Backampel, Kontrolleuchten oder Signalton. Mit dem Temperaturregler stellt man den gewünschten Bräunungsgrad nach Stufen ein: Niedrige Zahl (helle Waffel) bedeutet geringere Temperatur und längere Backdauer, hohe Stufenzahl (dunkle Waffel) heißt größere Hitze und kürzere Backzeit. Allgemeingültige Regeln für die ideale Temperatur und Backdauer gibt es leider nicht. Jedes Waffeleisen reagiert anders. Da heißt es, die Gebrauchsanweisung studieren und ausprobieren: Backen Sie die erste Waffel bei mittlerer Hitze. Ist sie zu hell, erhöhen Sie bei der nächsten Waffel einfach die Temperatur. Heute haben die meisten Geräte eine Antihaftbeschichtung auf den gußeisernen Backflächen, die dafür sorgt, daß nichts kleben bleibt. Diese Eisen brauchen Sie nur sehr leicht, in der Regel nur bei der ersten Waffel, mit Fett einzupinseln. Unbeschichtete Waffeleisen müssen Sie immer wieder aufs neue einfetten.

Die richtige Pflege

Wichtig! Nach dem Backen sofort den Netzstecker aus der Steckdose ziehen. Das Waffeleisen innen mit Küchenpapier abreiben, um das restliche Fett aufzusaugen und offen abkühlen lassen. Das Gerät niemals ins Wasser tauchen, sondern die Backplatten und Hauben mit einem feuchten Tuch sauberwischen. Teigreste bei beschichteten Backflächen nur mit einem Schwamm oder einer weichen Bürste entfernen. Auf keinen Fall mit einem Messer oder einer Gabel kratzen, um die Antihaftbeschichtung nicht zu beschädigen, es könnten sich Teile ablösen und in den Teig gelangen. Mit unbeschichteten Geräten dürfen Sie ruhig etwas robuster umgehen – die gußeisernen Platten halten auch der Reinigung mit einer harten Bürste stand.

Goldrichtig gebacken: Brüsseler Automat für rechteckige Waffeln und Herzwaffel-Automat.

So gelingen Waffeln perfekt

1. 2 Eßl. zimmerwarme Butter in Stücke schneiden und in eine Schüssel geben. 1 Eßl. Zucker hinzufügen und beides mit den Quirlen des Handrührgerätes in 3–4 Minuten cremig schlagen.

2. Etwa 2 Minuten lang kräftig weiterschlagen, dabei nach und nach 3 Eier dazugeben. Anschließend Salz und Gewürze wie abgeriebene Zitronenschale, Zimtpulver oder Vanillezucker unterrühren.

3. 300 g Mehl in einer zweiten Schüssel abwiegen und eventuell mit ½ Teel. Backpulver mischen, dann zur Eimasse geben. ⅜ l Milch darüber gießen und alles mit den Quirlen des Handrührgerätes zu einem glatten Teig verschlagen. Den Teig 10–30 Minuten ruhen lassen.

4. Das Waffeleisen mit geschlossenem Deckel auf mittlerer Stufe nach Gebrauchsanweisung aufheizen. Dann beide Backflächen mit einem Naturhaarpinsel dünn mit flüssiger Butter, Margarine oder einem geschmacksneutralen Öl einpinseln. Beschichtete Geräte brauchen in der Regel nur einmal Fett.

5. Pro Waffel 2–3 Eßlöffel Teig in die Mitte der unteren Backfläche geben und etwas glattstreichen. Die Deckplatte schnell schließen und die Griffe einmal fest zusammendrücken, damit sich der Teig gleichmäßig verteilt. Die Waffel in 2–5 Minuten goldbraun backen. Ergibt 10–12 Waffeln.

6. Die fertige Waffel mit einem Pfannenwender oder einer Kuchenpalette herausheben, noch heiß mit Puderzucker bestäuben und sofort servieren. Oder etwas auf einem Kuchengitter abkühlen lassen und nach Belieben mit Sahne, Eiscreme, Kompott oder frischem Obst servieren.

Tips rund ums Backen

Sollte der Teig einmal zu fest sein, rühren Sie einfach noch etwas Milch darunter. Falls er zu dünn fließt, geben Sie mehr Mehl dazu.

Zum Einfetten eignen sich am besten Butter, Margarine oder ein geschmacksneutrales Öl. Herzhafte Waffeln schmecken intensiver, wenn Sie die Backflächen des Waffeleisens mit einer Speckschwarte oder Schmalz einreiben.

Grobe Zutaten wie Rosinen oder Zitronat im Teig bis an den Rand der Backflächen verteilen, sonst bleiben sie nur in der Mitte liegen, wenn man das Waffeleisen schließt.

Das Gerät erst öffnen, wenn es angezeigt wird – je nach Hersteller mit Kontrollampe oder Signalton –, dann erst ist die Waffel durchgebacken. Heben Sie die Deckplatte zu früh, klebt die Waffel oben und unten fest.

Waffeln legt man zum Auskühlen auf ein Kuchengitter, und zwar nebeneinander. Noch heiß dürfen Sie sie auf keinen Fall stapeln, sonst werden sie weich und feucht statt schön knusprig zu bleiben.

Ohne Zweifel – frisch schmecken Waffeln am besten. Wenn doch einmal etwas übrig bleibt, ist das kein Malheur: Waffeln lassen sich im Backofen wieder knusprig aufbacken, ohne daß man es ihnen groß anmerkt. Zudem schmecken sie, beidseitig in Butter in einer Pfanne gebraten, vorzüglich mit Rüben- oder Ahornsirup.

Variationen zum Teig

Mehl, Eier, Butter, Milch, süße oder pikante Würzmittel – mehr brauchen Sie nicht zum Waffelbacken. Doch gibt es viele Möglichkeiten, den Teig zu variieren. Hier einige Anregungen:

- Das weiße Mehl (Type 450) können Sie ganz oder teilweise durch Vollkornmehl ersetzen: Sie können wählen zwischen Weizen, Dinkel, Roggen, Hafer, Grünkern, Buchweizen, Hirse oder Mais. Allerdings braucht der Teig dann mehr Flüßigkeit und muß etwas länger quellen.
- Waffeln gelingen besonders luftig, wenn man die Eier getrennt verarbeitet: Das Eigelb wie gewohnt unter den Teig rühren, das Eiweiß steif schlagen und erst unmittelbar vor dem Backen unterheben.
- Meist nimmt man als Backfett für den Teig Butter oder Margarine. Bei herzhaften Waffeln können aber auch aromatische Öle wie Oliven- oder Nußöl, Butterschmalz oder ausgelassene Speckwürfel im Teig sehr gut schmecken.
- Weißen Zucker können Sie nach Belieben gegen braunen Rohrzucker oder Zuckerrohrgranulat austauschen, oder Sie nehmen statt dessen flüssigen Honig, Ahorn- oder Zuckerrübensirup.
- Statt Milch können Sie Wasser nehmen – das macht die Waffeln noch knuspriger, allerdings haben sie dann auch weniger Geschmack. Sahne, Crème fraîche oder saure Sahne sorgen für eine zart-duftige Beschaffenheit. Die Kohlensäure von Mineralwasser, Bier, Sekt oder Cidre lockert den Teig. Mit Rote-Bete-Saft oder anderen Gemüse- und Fruchtsäften lassen sich neue farbliche und geschmackliche Akzente setzen.
- Waffeln laden zum Experimentieren ein: Mischen Sie beispielsweise Marzipanstückchen, geröstete Kokosraspeln, Rosinen, Zitronat, Haferflocken oder gehackte Nüsse unter den Teig, aromatisieren Sie mit Zitronen- oder Orangenschale, oder fügen Sie ruhig mal ein bißchen Cognac oder Likör hinzu. Herzhafte Waffeln können Sie mit angedünsteten Zwiebeln und Knoblauch würzen, auch mit allen Arten von Kräutern, fein gehackten Oliven oder Käse. Wer es exotisch mag, nimmt Cayennepfeffer, Currypulver, Kreuzkümmel, Ingwer, Koriandersamen, Piment oder Kardamom.

Kunterbuntes Waffelvergnügen

Der Waffel-Grundteig läßt sich durch Zugabe von natürlichen Mitteln farblich verändern.
Gelbe Waffeln: 2 Eßlöffel Currypulver oder 2 Teelöffel Kurkuma (Gelbwurz) oder 1 Döschen Safranpulver unter die schaumige Butter rühren.
Rote Waffeln: Die halbe Milchmenge durch eingekochten Rote-Bete-Saft oder Kirschsaft ersetzen.
Orangefarbene Waffeln: Den Teig mit 2 Eßlöffeln edelsüßem Paprikapulver oder 3–4 Eßlöffeln Tomatenmark würzen und die entsprechende Menge Milch sparen. Oder 200 g Möhren sehr fein reiben, gut ausdrücken und unter den Teig rühren.
Grüne Waffeln: 4 Eßlöffel sehr fein gehackte Kräuter unter den Waffelteig mengen. Oder 250 g frischen Spinat blanchieren (sprudelnd kochen lassen), fein pürieren und in einem Tuch gut ausdrücken. Dann die Milchmenge um 3–4 Eßlöffel reduzieren.

Das schmeckt zu Waffeln

Süße Waffeln werden am liebsten mit Puder- oder Zimtzucker bestreut. Doch auch andere Beilagen sind im Nu aus dem Vorrat gezaubert: Reichen Sie mal Ahorn- oder Zuckerrübensirup, Marmelade, Obstsalat, Kompott oder Eiscreme dazu. Oder servieren Sie Waffeln mit Sahne, Joghurt, Schmant oder Crème fraîche, die Sie nach Belieben mit Likör, Vanille, Zitronen- oder Orangensaft würzen oder mit Schokoladenstückchen, Krokant oder Nüssen mischen.
Herzhafte Waffeln harmonieren je nach Würze mit Tomatensauce, Remoulade oder Kräuter-Dips, mit fruchtig-scharfen Chutneys oder Pickles. Und sie passen als Beilage zu einem kräftigen Hackfleischragout oder Gulasch.

Wichtiger Hinweis

Das Backen von Waffeln erfordert eine Hitzequelle, die sicher aufgestellt und sorgsam beobachtet werden muß. Der Automat muß den allgemeinen Sicherheitsbestimmungen entsprechen und das Kabel muß so gesichert sein, daß man nicht daran hängen bleibt. Die Hinweise zum Umgang mit dem Gerät in der Bedienungsanleitung sollten aufmerksam gelesen und befolgt werden, damit keine Unfälle oder Verletzungen vorkommen können.

Schokoladenwaffeln

Zutaten für 10–12 Waffelplatten:
100 g Zartbitter-Schokolade
125 g gemahlene Mandeln
2 Eßl. Zucker
3 Eßl. Mehl
250 g Sahne
⅛ l Milch
2 Eier
Öl für das Waffeleisen
Puderzucker zum Bestäuben

Schnell

Bei 12 Waffelplatten pro Stück etwa:
1000 kJ/240 kcal

Zubereitungszeit: etwa 35 Minuten

1. Die Schokolade auf der Küchenreibe sehr fein raspeln.

2. Die Mandeln mit dem Zucker und dem Mehl in eine Schüssel geben, durchrühren und die Schokoladenraspel untermischen.

3. Die Sahne und die Milch mit den Eiern verquirlen, zu der Mandel-Mehl-Mischung gießen, alles gut verrühren und etwa 10 Minuten quellen lassen. Dann den Teig nochmals durchrühren.

4. Das Waffeleisen auf der mittleren Stufe vorheizen. Dann beide Backflächen mit einem Naturhaarpinsel dünn mit Öl einstreichen. 2–3 Eßlöffel Teig auf die untere Backfläche gießen und das Waffeleisen schließen. Die Waffeln nacheinander in je 3–5 Minuten ausbacken.

5. Die Waffeln gleich heiß mit Puderzucker bestäubt servieren.

■ Vanilleeis und Sahne passen sehr gut zu diesen Schokoladenwaffeln.

Variante:
Statt der Zartbitter-Schokolade können Sie auch Vollmilch- oder andere Schokoladensorten verwenden.

Kokoswaffeln

Zutaten für 10–12 Waffelplatten:
100 g Butter
150 g Mehl
1 Prise Salz
1 Messerspitze Backpulver
150 ml Milch
4 Eßl. Zucker
3 Eier
100 g Kokosflocken
Öl für das Waffeleisen

Gelingt leicht

Bei 12 Waffelplatten pro Stück etwa: 900 kJ/210 kcal

Zubereitungszeit: etwa 45 Minuten

1. Die Butter in einen Topf geben und bei schwacher Hitze langsam schmelzen. Den Topf vom Herd nehmen und die Butter abkühlen lassen.

2. Das Mehl in eine Schüssel sieben, das Salz und das Backpulver untermischen.

3. Die Milch, den Zucker und die Eier dazugeben. Alles mit den Quirlen des Handrührgerätes zu einem glatten Teig verarbeiten. Zum Schluß die Butter unterrühren. Den Teig zugedeckt etwa 20 Minuten quellen lassen.

4. Inzwischen die Kokosflocken in einer beschichteten Pfanne ohne Fettzugabe unter Rühren goldbraun rösten. In eine Schüssel geben und abkühlen lassen. Die gerösteten Kokosflocken unter den Waffelteig mischen.

5. Das Waffeleisen auf der mittleren Stufe vorheizen. Dann beide Backflächen mit einem Naturhaarpinsel dünn mit Öl einstreichen. 2–3 Eßlöffel Teig auf die untere Backfläche gießen und das Waffeleisen schließen. Die Waffeln in je 3–5 Minuten goldgelb backen.

Die Waffeln schmecken gut mit Ananassalat und Kokosnußspalten. Für den Ananassalat 1 frische Ananas schälen, längs vierteln und den Strunk herausschneiden. Das Fruchtfleisch in kleine Würfel schneiden und mit 4 cl Rum mischen. Den Salat im Kühlschrank etwa 30 Minuten ziehen lassen.

Vanillewaffeln

Zutaten für 10–12 Waffelplatten:
150 g weiche Butter
70 g brauner Zucker
3 Eier
2 Vanilleschoten
2 Eßl. Rum nach Belieben
150 g Mehl
1 Messerspitze Backpulver
Öl für das Waffeleisen
Puderzucker zum Bestäuben

Festlich

Bei 12 Waffelplatten pro Stück etwa:
870 kJ/210 kcal

Zubereitungszeit: etwa 40 Minuten

1. Die Butter in eine Schüssel geben und mit den Quirlen des Handrührgerätes zu einer sehr cremigen Masse rühren. Den Zucker abwechselnd mit den Eiern dazugeben. Weiterrühren, bis eine ganz schaumige Masse entstanden ist.

2. Die Vanilleschoten längs aufschlitzen und das Mark mit einem Messerrücken herauskratzen. Das Vanillemark mit dem Rum in die Eiercreme rühren.

3. Das Mehl mit dem Backpulver mischen, über die Eiercreme sieben und gründlich unterarbeiten.

4. Das Waffeleisen auf der mittleren Stufe vorheizen. Dann beide Backflächen mit einem Naturhaarpinsel dünn mit Öl einstreichen. 2–3 Eßlöffel Teig auf die untere Backfläche gießen und das Waffeleisen schließen. Die Waffeln nacheinander in je 3–5 Minuten goldgelb ausbacken.

5. Die Waffeln auf ein Kuchengitter geben, auskühlen lassen und mit Puderzucker bestäuben.

■ Die Waffeln schmecken als Dessert mit Sahne, gemischten frischen Beeren und Rumfrüchten oder als Gebäck zu Kaffee oder Tee.

Tips!
Stecken Sie die ausgekratzten Vanilleschoten in Zucker, so bekommt er ein intensives Vanillearoma.
Da Vanilleschoten sehr teuer sind, können Sie sie auch durch 2 Päckchen Vanillezucker ersetzen.

Weihnachtswaffeln

Zutaten für 10–12 Waffelplatten:
1 unbehandelte Zitrone
1 unbehandelte Orange
200 ml Milch
50 g Zucker
½ Teel. Zimtpulver
1 Prise Salz
50 g Zitronat
50 g Orangeat
50 g weiche Butter
2 Eier
200 g Weizenvollkornmehl
Öl für das Waffeleisen

Festlich

Bei 12 Waffelplatten pro Stück etwa:
720 kJ/170 kcal

Zubereitungszeit: etwa 1 Stunde

1. Die Zitrone und die Orange unter fließendem heißem Wasser gründlich abbürsten und abtrocknen. Die Schale beider Früchte abreiben.

2. Die Milch mit dem Zucker, der abgeriebenen Orangen- und Zitronenschale, dem Zimt und dem Salz in einen Topf geben und aufkochen lassen. Den Topf vom Herd nehmen und die Mischung ganz abkühlen lassen.

3. Das Zitronat und das Orangeat in ganz kleine Würfel schneiden. Das geht auch gut mit dem Wiegemesser oder einem elektrischen Blitzhacker.

4. Die Butter mit den Eiern in eine Schüssel geben und mit den Quirlen des Handrührgerätes zu einer hellgelben, schaumigen Masse schlagen. Das Mehl dazusieben und die Milch mit den Gewürzen unterrühren. Das kleingewürfelte Orangeat und Zitronat einstreuen. Den Waffelteig etwa 20 Minuten quellen lassen.

5. Das Waffeleisen auf der mittleren Stufe vorheizen. Dann beide Backflächen mit einem Naturhaarpinsel dünn mit Öl einstreichen. 2–3 Eßlöffel Teig auf die untere Backfläche gießen. Dabei das Orangeat und Zitronat verteilen. Das Waffeleisen schließen. Die Waffeln nacheinander in je 3–5 Minuten goldgelb backen. Auf ein Kuchengitter geben und etwas abkühlen lassen.

■ Diese Waffeln schmecken warm zu Punsch und Glühwein besonders gut.

Tip!
Besondes aromatisch werden die Waffeln, wenn Sie das kleingewürfelte Orangeat und Zitronat vor dem Backen mit etwas Orangenlikör beträufeln und durchziehen lassen.

Marzipanwaffeln mit Rumrosinen

Zutaten für 10–12 Waffelplatten:
50 g Rosinen
4 cl Rum
200 g Marzipanrohmasse
1 Vanilleschote
100 ml Milch
2 Eier
3 Eßl. Mehl
Öl für das Waffeleisen

Festlich

Bei 12 Waffelplatten pro Stück etwa: 600 kJ/140 kcal

Zubereitungszeit: etwa 40 Minuten

1. Die Rosinen heiß überbrausen, abtropfen lassen, mit dem Rum übergießen und quellen lassen.

2. Die Marzipanrohmasse in eine Schüssel geben und mit einer Gabel zerdrücken. Die Vanilleschote längs aufschlitzen. Das Mark auskratzen und zu dem Marzipan geben.

3. Die Milch dazugießen und die Eier dazugeben. Alles mit den Quirlen des Handrührgerätes verarbeiten. Das Mehl dazusieben und den Waffelteig etwa 15 Minuten quellen lassen.

4. Die Rumrosinen unter den Waffelteig heben.

5. Das Waffeleisen auf der mittleren Stufe vorheizen. Dann beide Backflächen mit einem Naturhaarpinsel dünn mit Öl einstreichen. 2–3 Eßlöffel Teig auf die untere Backfläche gießen, dabei die Rosinen bis an den Rand verteilen. Das Waffeleisen schließen. Die Waffeln nacheinander in je 3–5 Minuten ausbacken.

Im Bild oben:
Marzipanwaffeln mit Rumrosinen
Im Bild Mitte:
Honigwaffeln mit Schokosauce
Im Bild unten: Müsliwaffeln

Honigwaffeln mit Schokosauce

Zutaten für 8 Waffelplatten:
200 g weiche Butter
3 Eßl. Honig
3 Eier
100 g gemahlene Haselnüsse
100 g Mehl
½ Teel. Backpulver
100 g Vollmilchschokolade
200 g Sahne
Öl für das Waffeleisen
Nach Belieben: 80 g Mandelblättchen

Gelingt leicht

Pro Stück etwa: 2500 kJ/600 kcal

Zubereitungszeit: etwa 50 Minuten

1. Die Butter in eine Schüssel geben, den Honig hinzufügen und mit den Quirlen des Handrührgerätes schaumig schlagen.

2. Die Eier und die gemahlenen Haselnüsse dazugeben und unterrühren.

3. Das Mehl mit dem Backpulver vermischen und eßlöffelweise einarbeiten. Den Waffelteig etwa 20 Minuten quellen lassen.

4. Inzwischen die Schokolade in kleine Stücke brechen. Die Sahne aufkochen, die Schokoladenstückchen hineingeben und darin schmelzen lassen. Gut verrühren.

5. Das Waffeleisen auf der mittleren Stufe vorheizen. Dann beide Backflächen mit einem Naturhaarpinsel dünn mit Öl einstreichen. 2–3 Eßlöffel Teig auf die untere Backfläche gießen und das Waffeleisen schließen. Die Waffeln nacheinander in je 2–3 Minuten ausbacken.

6. Die Honigwaffeln mit der Schokoladensauce beträufeln und nach Belieben mit den Mandelblättchen garnieren.

Müsliwaffeln

Zutaten für 10–12 Waffelplatten:
¼ l Milch
150 g fertige Müslimischung ohne Zuckerzusatz
50 g weiche Butter
2 Eßl. Zucker
1 Päckchen Vanillezucker
1 Teel. Zimtpulver
1 Ei
50 g Mehl
Öl für das Waffeleisen

Raffiniert

Bei 12 Waffelplatten pro Stück etwa: 580 kJ/140 kcal

Zubereitungszeit: etwa 45 Minuten

1. Die Milch aufkochen. Die Müslimischung in eine Schüssel geben, mit der kochenden Milch übergießen und etwa 10 Minuten quellen lassen.

2. Inzwischen die Butter mit dem Zucker, dem Vanillezucker, dem Zimt und dem Ei in eine Schüssel geben und mit den Quirlen des Handrührgerätes schaumig rühren.

3. Die gequollene Müslimischung und das Mehl dazugeben, alles gründlich verrühren und weitere 5 Minuten quellen lassen.

4. Das Waffeleisen auf der mittleren Stufe vorheizen. Dann beide Backflächen mit einem Naturhaarpinsel dünn mit Öl einstreichen. 2–3 Eßlöffel Teig auf die untere Backfläche gießen und das Waffeleisen schließen. Die Waffeln nacheinander in je 3–5 Minuten goldgelb ausbacken.

■ Dazu schmecken frische Beeren der Saison oder ein Salat aus frischen Früchten.

Quarkwaffeln mit Portwein-Zwetschgen

Zutaten für 10–12 Waffelplatten:
125 g Magerquark
2 Eier
100 g Zucker
1 Prise Salz
1 Päckchen Vanillezucker
2 Teel. abgeriebene Schale von 1 unbehandelten Zitrone
100 ml Milch
125 g Mehl
5 eingelegte Portweinzwetschgen, abgetropft (Feinkostgeschäft; siehe auch Tip)
Öl für das Waffeleisen

Festlich

Bei 12 Waffelplatten pro Stück etwa: 570 kJ/140 kcal

Zubereitungszeit: etwa 45 Minuten

1. Den Quark in eine Schüssel geben. Die Eier trennen. Die Eigelbe mit dem Zucker, dem Salz, dem Vanillezucker und der abgeriebenen Zitronenschale hinzufügen. Alles mit den Quirlen des Handrührgerätes zu einer schaumigen Masse schlagen.

2. Die Milch während des Schlagens langsam dazufließen lassen.

3. Das Mehl über die Masse sieben, unterrühren und den Teig etwa 10 Minuten quellen lassen.

4. Inzwischen die Eiweiße zu steifem Schnee schlagen. Die Portwein-Zwetschgen vom Stein befreien und klein würfeln. Mit dem Eischnee gleichmäßig unter den Teig heben.

5. Das Waffeleisen auf der mittleren Stufe vorheizen. Dann beide Backflächen mit einem Naturhaarpinsel dünn mit Öl einstreichen. 2–3 Eßlöffel Teig auf die untere Backfläche gießen, dabei die Zwetschgenwürfel bis an den Rand verteilen. Das Waffeleisen schließen. Die Waffeln nacheinander in je 3–5 Minuten goldgelb backen.

Tip!

Statt Portwein-Zwetschgen können Sie auch Kurpflaumen klein würfeln und mit 3 Eßlöffeln Portwein etwa 1 Stunde marinieren.

Hirsewaffeln mit Orange

Zutaten für 10–12 Waffelplatten:
200 g Hirse
2 Eier
70 g Zucker
50 g Butter
2 Orangen (1 davon unbehandelt)
Öl für das Waffeleisen

Exklusiv

Bei 12 Waffelplatten pro Stück etwa:
630 kJ/150 kcal

Zubereitungszeit: etwa 1 Stunde (davon 30 Minuten Quellzeit)

1. Die Hirse in der Getreidemühle sehr fein mahlen.

2. Die Eier mit dem Zucker in eine Schüssel geben und verrühren. Die Butter schmelzen, hinzufügen und alles mit den Quirlen des Handrührgerätes zu einer schaumigen Masse verarbeiten.

3. Die unbehandelte Orange unter fließendem heißem Wasser gründlich abbürsten und trockenreiben. Die Schale auf einer Gemüseraspel fein abreiben.

4. Beide Orangen auspressen und den Saft mit der abgeriebenen Orangenschale und der gemahlenen Hirse zu der Eiermasse geben.

5. Den Teig durchrühren und etwa 30 Minuten quellen lassen.

6. Das Waffeleisen auf der mittleren Stufe vorheizen. Dann beide Backflächen mit einem Naturhaarpinsel dünn mit Öl einstreichen. 2–3 Eßlöffel Teig auf die untere Backfläche gießen und das Waffeleisen schließen. Die Waffeln in je 3–5 Minuten goldgelb backen.

Tip!

Dazu paßt Mascarpone-Orangen-Sauce: 150 g Mascarpone mit 6 Eßlöffeln Orangenlikör oder ersatzweise Orangensaft verrühren. Nach Belieben noch Orangenfilets unterheben. Dazu eine Orange so schälen, daß auch die weiße Haut entfernt wird. Mit einem Messer die einzelnen Filets aus den Zwischenhäuten trennen.

Süße Möhrenwaffeln mit Ingwer

Zutaten für 10 Waffelplatten:
125 g weiche Butter
3 Eßl. Zucker
1 Päckchen Vanillezucker
4 Eier
1 Prise Salz
abgeriebene Schale von ½ unbehandelten Zitrone
¼ l Milch
250 g Mehl
1 Stück frische Ingwerwurzel, etwa 3 cm
200 g Möhren
Öl für das Waffeleisen

Exklusiv

Pro Stück etwa: 1200 kJ/290 kcal

Zubereitungszeit: etwa 45 Minuten

1. Die weiche Butter mit dem Zucker und dem Vanillezucker in eine Schüssel füllen.

2. Die Eier trennen. Die Eigelbe zur Butter geben, das Salz und die abgeriebene Zitronenschale hinzufügen. Alles mit den Quirlen des Handrührgerätes zu einer schaumigen Masse rühren.

3. Abwechselnd die Milch und das Mehl dazugeben und unterarbeiten.

4. Die Eiweiße zu sehr steifem Schnee schlagen und unter den Waffelteig heben.

5. Den Ingwer schälen und ganz fein reiben. Die Möhren putzen, waschen und auf der Gemüsereibe fein raspeln. Sofort mit dem Ingwer unter den Waffelteig rühren.

6. Das Waffeleisen auf der mittleren Stufe vorheizen. Dann beide Backflächen mit einem Naturhaarpinsel dünn mit Öl einstreichen. 2–3 Eßlöffel Teig auf die untere Backfläche gießen und das Waffeleisen schließen. Die Waffeln in je 3–5 Minuten goldgelb backen.

Mohnwaffeln

Zutaten für 10–12 Waffelplatten:
150 g Sahne
100 g (4 Eßl.) Blaumohn, ungemahlen
1 Päckchen Vanillezucker
1 Prise Salz
2 Eier
50 g Zucker
50 g weiche Butter
3 Eßl. gemahlene Haselnüsse
200 g Mehl
Öl für das Waffeleisen

Exklusiv

Bei 12 Waffelplatten pro Stück etwa:
1000 kJ/240 kcal

Zubereitungszeit: etwa 1 Stunde

1. Die Sahne mit dem Mohn, dem Vanillezucker und dem Salz in einen Topf geben. Alles langsam zum Kochen bringen und bei ganz schwacher Hitze etwa 10 Minuten quellen lassen.

2. Die Eier mit dem Zucker und der Butter in einer Schüssel mit den Quirlen des Handrührgerätes zu einer schaumigen, goldgelben Masse aufschlagen. Die gemahlenen Haselnüsse und das Mehl sowie den ausgequollenen Mohn gründlich unterrühren und den Teig weitere 20 Minuten quellen lassen.

3. Das Waffeleisen auf der mittleren Stufe vorheizen. Dann beide Backflächen mit einem Naturhaarpinsel dünn mit Öl einstreichen. 2–3 Eßlöffel Teig auf die untere Backfläche gießen und das Waffeleisen schließen. Die Waffeln nacheinander in je 3–5 Minuten ausbacken.

Tip!

Hierzu paßt zweierlei Beerenmark: 150 g Heidelbeeren und 100 g Himbeeren getrennt waschen und von den Stielen befreien. Mit jeweils 30–40 g Zucker bestreuen und etwa 20 Minuten ziehen lassen. Dann jede Beerensorte getrennt im Mixer pürieren und durch ein Sieb streichen. Zu den Mohnwaffeln reichen.

Bananenwaffeln

Zutaten für 10–12 Waffelplatten:
2 Eier
50 g Zucker
3 Eßl. gemahlene Haselnüsse
1 Prise Salz
1 Päckchen Vanillezucker
100 ml Milch
100 g Mehl
2 Bananen
Zitronensaft
Öl für das Waffeleisen

Exklusiv

Bei 12 Waffelplatten pro Stück etwa: 570 kJ/140 kcal

Zubereitungszeit: etwa 45 Minuten

1. Die Eier trennen. Die Eigelbe in eine Schüssel geben, den Zucker hinzufügen und beides mit den Quirlen des Handrührgeräts zu einer hellgelben, schaumigen Masse schlagen.

2. Die gemahlenen Haselnüsse, das Salz und den Vanillezucker unterrühren. Die Milch dazugießen. Das Mehl über die Masse sieben, nochmals alles gut durchrühren und den Teig etwa 10 Minuten quellen lassen.

3. In der Zwischenzeit die Bananen schälen, in grobe Stücke schneiden, mit Zitronensaft beträufeln und im Mixer oder mit dem Pürierstab fein zerkleinern.

4. Die Eiweiße zu steifem Schnee schlagen und mit dem Bananenmus unter den Waffelteig heben.

5. Das Waffeleisen auf der mittleren Stufe vorheizen. Dann beide Backflächen mit einem Naturhaarpinsel dünn mit Öl einstreichen. 2–3 Eßlöffel Teig auf die untere Backfläche gießen und das Waffeleisen schließen. Die Waffeln nacheinander in je 3–5 Minuten goldgelb backen.

Tip!
Dazu paßt eine kalte Schokoladencreme: 250 g Sahne steif schlagen. 100 g Vollmilch-Schokolade fein raspeln und untermischen.

Waffeln mit saurer Sahne

Zutaten für 10–12 Waffelplatten:
4 Eier
70 g Zucker
120 g weiche Butter
1 unbehandelte Orange
200 g saure Sahne
150 g Mehl
1 Prise Salz
Öl für das Waffeleisen
3 Eßl. Puderzucker
2 Teel. Zimtpulver

Preiswert

Bei 12 Waffelplatten pro Stück etwa: 990 kJ/240 kcal

Zubereitungszeit: etwa 40 Minuten

1. Die Eier trennen. Die Eigelbe in eine Schüssel füllen, mit dem Zucker verrühren. Dann die Butter dazugeben und alles mit den Quirlen des Handrührgerätes zu einer schaumigen Masse rühren.

2. Die Orange unter fließendem heißen Wasser gründlich abbürsten, abtrocknen und die Schale über der Schüssel abreiben. Die Orange halbieren, den Saft auspressen und zur Masse geben.

3. Die saure Sahne abwechselnd mit dem Mehl unter die Masse rühren.

4. Die Eiweiße mit dem Salz zu sehr steifem Schnee schlagen und gleichmäßig unter den Teig heben.

5. Das Waffeleisen auf der mittleren Stufe vorheizen. Dann beide Backflächen mit einem Naturhaarpinsel dünn mit Öl einstreichen. 2–3 Eßlöffel Teig auf die untere Backfläche gießen und das Waffeleisen schließen. Die Waffeln in je 3–5 Minuten goldgelb backen.

6. Den Puderzucker mit dem Zimt mischen und die Waffeln damit bestreuen.

Variante:
Statt saurer Sahne schmecken diese Waffeln auch gut mit Buttermilch.

Erdnußwaffeln

Zutaten für 10–12 Waffelplatten:
50 g weiche Butter
3 Eßl. Erdnußmus
3 Eßl. Zucker
2 Eier
1 Prise Salz
100 g Mehl
100 ml Milch
50 g ungesalzene Erdnüsse
Öl für das Waffeleisen

Gelingt leicht

Bei 12 Waffelplatten pro Stück etwa:
690 kJ/160 kcal

Zubereitungszeit: etwa 45 Minuten

1. Die weiche Butter in eine Schüssel geben und mit dem Erdnußmus verrühren. Den Zucker, die Eier und das Salz dazugeben und alles mit den Quirlen des Handrührgerätes schaumig schlagen.

2. Das Mehl darüber sieben und die Milch dazugießen. Alles gut verrühren und den Waffelteig etwa 15 Minuten quellen lassen.

3. In der Zwischenzeit die Erdnüsse schälen und im elektrischen Blitzhacker oder mit einem scharfen Messer grob zerkleinern.

4. Die gehackten Erdnüsse unter den gequollenen Waffelteig heben.

5. Das Waffeleisen auf der mittleren Stufe vorheizen. Dann beide Backflächen mit einem Naturhaarpinsel dünn mit Öl einstreichen. 2–3 Eßlöffel Teig auf die untere Backfläche gießen und das Waffeleisen schließen. Die Waffeln in je 3–5 Minuten nacheinander goldgelb backen.

Tip!
Dazu paßt ein Quarkdip mit Bananen: 2 Bananen schälen, in Stücke schneiden und mit Zitronensaft beträufeln. Mit 500 g Magerquark und 2 Eßlöffeln Honig im Mixer pürieren.

Vollkornwaffeln mit Mandeln

Zutaten für 10–12 Waffelplatten:
150 g Weizenvollkornmehl
20 g frische Hefe (½ Würfel)
3 Eßl. Zucker
200 ml Buttermilch
1 Prise Salz
1 Ei
2 Eßl. Öl
50 g gemahlene Mandeln
Öl für das Waffeleisen

Braucht etwas Zeit

Bei 12 Waffelplatten pro Stück etwa:
500 kJ/120 kcal

Zubereitungszeit: etwa 1 Stunde (davon 25 Minuten Ruhezeit für den Teig)

1. Das Mehl in eine Schüssel sieben und in die Mitte eine Mulde drücken. Die Hefe zerbröckeln, in die Mulde geben und mit etwas Zucker bestreuen.

2. Die Buttermilch erwärmen, etwa 3 Eßlöffel davon über die Hefe gießen und mit einer Gabel zu einem Vorteig verrühren. Etwa 10 Minuten zugedeckt gehen lassen.

3. Den restlichen Zucker, die Prise Salz, das Ei, das Öl und die gemahlenen Mandeln hinzufügen. Alles mit den Knethaken des Handrührgerätes zu einem geschmeidigen Teig verarbeiten, dabei die restliche lauwarme Buttermilch langsam dazugießen.

4. Den Teig nochmals etwa 15 Minuten zugedeckt an einem warmen Platz gehen lassen.

5. Das Waffeleisen auf der mittleren Stufe vorheizen. Dann beide Backflächen mit einem Naturhaarpinsel dünn mit Öl einstreichen. 2–3 Eßlöffel Teig auf die untere Backfläche gießen und das Waffeleisen schließen. Die Waffeln nacheinander in je 3–5 Minuten ausbacken.

■ Dazu paßt Birnenquark.

Aniswaffeln

Zutaten für 10–12 Waffelplatten im Herzwaffelautomaten:
150 g weiche Butter
70 g Zucker
3 Eier
3 Teel. Anissamen
150 g Mehl
½ Teel. Backpulver
Öl für das Waffeleisen
Puderzucker zum Bestäuben

Gelingt leicht

Bei 12 Waffelplatten pro Stück etwa:
850 kJ/200 kcal

Zubereitungszeit: etwa 40 Minuten

1. Die Butter in eine Schüssel geben und mit den Quirlen des Handrührgerätes zu einer sehr schaumigen Masse rühren. Den Zucker abwechselnd mit den Eiern dazugeben. Weiterrühren, bis sich alle Zutaten zu einer ganz schaumigen Creme verbunden haben.

2. Den Anis in einer Getreidemühle grob schroten oder mit einem scharfen Messer sehr fein hacken und in die Creme streuen. Das Mehl mit dem Backpulver mischen, über die Eiercreme sieben und gründlich unterarbeiten.

3. Das Waffeleisen auf der mittleren Stufe vorheizen. Dann beide Backflächen mit einem Naturhaarpinsel dünn mit Öl einstreichen. 2–3 Eßlöffel Teig auf die untere Backfläche geben und das Waffeleisen schließen. Die Waffeln nacheinander in je 3–5 Minuten goldgelb backen.

5. Die Waffeln auf ein Kuchengitter geben, etwas abkühlen lassen und mit Puderzucker bestäuben.

Im Bild oben links: Aniswaffeln
Im Bild oben rechts: Vollkornwaffeln mit Mandeln
Im Bild unten: Erdnußwaffeln

Spinatwaffeln

Zutaten für 10–12 Waffelplatten:
150 g weiche Butter
4 Eier
Salz
250 g Mehl
¼ l Milch
300 g frischer Blattspinat (oder tiefgekühlter Spinat)
1 mittelgroße Zwiebel
1 Eßl. Butter
2 Knoblauchzehen
schwarzer Pfeffer, frisch gemahlen
1 Prise Muskatnuß, frisch gerieben
Öl für das Waffeleisen

Raffiniert

Bei 12 Waffelplatten pro Stück etwa:
1100 kJ/260 kcal

Zubereitungszeit: etwa 1 Stunde
+ eventuell 1 Stunde Auftauzeit

1. Die Butter mit den Quirlen des Handrührgerätes cremig rühren. Die Eier und 1 Prise Salz hinzufügen.

2. Das Mehl nach und nach während des Rührens einstreuen und die Milch dazugießen. Den Waffelteig zugedeckt etwa 30 Minuten stehen lassen.

3. Inzwischen den Spinat verlesen, von den groben Stengeln befreien und waschen. Tiefgekühlten Spinat auftauen lassen.

4. Die Zwiebel schälen und fein würfeln. Die Butter in einem Topf erhitzen, die Zwiebel bei schwacher Hitze darin weich dünsten, den Spinat hinzufügen und bei schwacher Hitze etwa 5 Minuten dünsten.

5. Die Knoblauchzehen schälen und über den Spinat pressen. Diesen mit Salz, Pfeffer und dem Muskat kräftig würzen. Den Spinat vom Herd nehmen und abkühlen lassen.

6. Den Spinat sehr gut ausdrücken und nach Belieben mit einem scharfen Messer sehr fein hacken oder grob zerteilen. Unter den Waffelteig mischen.

7. Das Waffeleisen auf der mittleren Stufe vorheizen. Dann beide Backflächen mit einem Naturhaarpinsel dünn mit Öl einstreichen. 2–3 Eßlöffel Teig auf die untere Backfläche gießen und das Waffeleisen schließen. Die Waffeln nacheinander in je 4–6 Minuten goldgelb backen.

Tip!
Dazu paßt eine Joghurt-Petersilien-Sauce: 250 g griechischen Joghurt mit 3 durchgepreßten Knoblauchzehen, Salz, Pfeffer und Zitronensaft würzen. 1 Bund kleingehackte Petersilie untermischen.

Champignonwaffeln

Zutaten für 10–12 Waffelplatten:
125 g weiche Butter
4 Eier
Salz
250 g Mehl
¼ l Milch
250 g Champignons
Zitronensaft
1 mittelgroße Zwiebel
2 Eßl. Öl
2 cl trockener Sherry (Fino) nach Belieben
schwarzer Pfeffer, frisch gemahlen
1 Bund Petersilie
Öl für das Waffeleisen

Raffiniert

Bei 12 Waffelplatten pro Stück etwa:
1000 kJ/240 kcal

Zubereitungszeit: etwa 1 Stunde

1. Die Butter mit den Quirlen des Handrührgerätes cremig rühren. Die Eier und 1 Prise Salz hinzufügen.

2. Das Mehl während des Rührens nach und nach einstreuen und die Milch unterrühren. Den Waffelteig zugedeckt etwa 30 Minuten quellen lassen.

3. Inzwischen die Champignons putzen, kurz waschen, erst blättrig schneiden, dann sehr fein hacken. Mit etwas Zitronensaft beträufeln, damit sie sich nicht dunkel färben.

4. Die Zwiebel schälen und fein würfeln. Das Öl in einer Pfanne erhitzen und die Zwiebelwürfel bei mittlerer Hitze darin glasig braten. Die Champignons dazugeben und kurz andünsten. Mit dem Sherry nach Belieben übergießen, dann weiterdünsten, bis fast alle Flüssigkeit verdampft ist.

5. Die Champignons mit Salz und Pfeffer kräftig würzen. Die Pfanne vom Herd nehmen und die Pilze ganz abkühlen lassen.

6. Die Petersilie waschen, trockenschütteln, die Blättchen von den Stengeln zupfen und fein hacken. Zusammen mit den Champignons unter den Waffelteig mischen.

7. Das Waffeleisen auf der mittleren Stufe vorheizen. Dann beide Backflächen mit einem Naturhaarpinsel dünn mit Öl einstreichen. 2–3 Eßlöffel Teig auf die untere Backfläche gießen und das Waffeleisen schließen. Die Waffeln nacheinander in je 4–6 Minuten goldgelb backen.

CANTINA SOCIALE

Möhrenwaffeln mit Schinken

Zutaten für 10–12 Waffelplatten:
125 g weiche Butter
4 Eier
Salz
250 g Mehl
¼ l Milch
200 g Möhren
Zitronensaft
150 g gekochter Schinken in Scheiben
schwarzer Pfeffer, frisch gemahlen
Öl für das Waffeleisen

Gelingt leicht

Bei 12 Waffelplatten pro Stück etwa:
1000 kJ/240 kcal

Zubereitungszeit: etwa 1 Stunde

1. Die Butter mit den Quirlen des Handrührgerätes cremig rühren. Die Eier und 1 Prise Salz hinzufügen.

2. Das Mehl während des Rührens nach und nach einstreuen und die Milch unterrühren. Den Waffelteig zugedeckt etwa 30 Minuten quellen lassen.

3. Inzwischen die Möhren schälen, waschen und fein raspeln. Mit etwas Zitronensaft beträufeln, damit sie ihre helle Farbe behalten.

4. Den Schinken vom Fettrand befreien, erst in Längsstreifen, dann in kleine Würfel schneiden.

5. Die Möhrenraspel und die Schinkenwürfel unter den Waffelteig mischen und diesen mit Salz und Pfeffer kräftig würzen.

6. Das Waffeleisen auf der mittleren Stufe vorheizen. Dann beide Backflächen mit einem Naturhaarpinsel dünn mit Öl einstreichen. 2–3 Eßlöffel Teig auf die untere Backfläche gießen und das Waffeleisen schließen. Die Waffeln nacheinander in je 4–6 Minuten goldgelb backen.

Variante: Zucchiniwaffeln
Statt Möhrenraspeln können Sie die gleiche Menge Zucchiniraspel unter den Teig mischen.

Möhrenwaffeln mit Schinken

Zutaten für 10–12 Waffelplatten:
125 g weiche Butter
4 Eier
Salz
250 g Mehl
¼ l Milch
200 g Möhren
Zitronensaft
150 g gekochter Schinken in Scheiben
schwarzer Pfeffer, frisch gemahlen
Öl für das Waffeleisen

Gelingt leicht

Bei 12 Waffelplatten pro Stück etwa:
1000 kJ/240 kcal

Zubereitungszeit: etwa 1 Stunde

1. Die Butter mit den Quirlen des Handrührgerätes cremig rühren. Die Eier und 1 Prise Salz hinzufügen.

2. Das Mehl während des Rührens nach und nach einstreuen und die Milch unterrühren. Den Waffelteig zugedeckt etwa 30 Minuten quellen lassen.

3. Inzwischen die Möhren schälen, waschen und fein raspeln. Mit etwas Zitronensaft beträufeln, damit sie ihre helle Farbe behalten.

4. Den Schinken vom Fettrand befreien, erst in Längsstreifen, dann in kleine Würfel schneiden.

5. Die Möhrenraspel und die Schinkenwürfel unter den Waffelteig mischen und diesen mit Salz und Pfeffer kräftig würzen.

6. Das Waffeleisen auf der mittleren Stufe vorheizen. Dann beide Backflächen mit einem Naturhaarpinsel dünn mit Öl einstreichen. 2–3 Eßlöffel Teig auf die untere Backfläche gießen und das Waffeleisen schließen. Die Waffeln nacheinander in je 4–6 Minuten goldgelb backen.

Variante: Zucchiniwaffeln
Statt Möhrenraspeln können Sie die gleiche Menge Zucchiniraspel unter den Teig mischen.

Maiswaffeln mit Paprika

Zutaten für 10–12 Waffelplatten:
125 g Maisgrieß
knapp ¼ l Milch
1 kleine rote Paprikaschote
50 g weiche Butter
2 Eigelb
Salz
schwarzer Pfeffer, frisch gemahlen
1 Teel. Paprikapulver, edelsüß
1 Prise Cayennepfeffer
Öl für das Waffeleisen

Würzig

Bei 12 Waffelplatten pro Stück etwa: 610 kJ/150 kcal

Zubereitungszeit: etwa 40 Minuten

1. Den Grieß in eine Schüssel füllen.

2. Die Milch in einen Topf gießen, aufkochen lassen, unter den Maisgrieß mischen und den Grieß etwa 20 Minuten quellen lassen.

3. Die Paprikaschote halbieren, von den Kernen und weißen Trennwänden befreien und waschen. Erst in schmale Längsstreifen, dann in kleine Würfel schneiden.

4. Die Butter mit den Eigelben in eine Schüssel geben und mit den Quirlen des Handrührgerätes zu einer schaumigen Masse rühren. Mit Salz, Pfeffer, dem Paprikapulver und dem Cayennepfeffer kräftig würzen. Die Masse unter den gequollenen Maisgrieß rühren und die Paprikawürfel untermischen.

5. Das Waffeleisen auf der mittleren Stufe vorheizen. Dann beide Backflächen mit einem Naturhaarpinsel dünn mit Öl einstreichen. 2–3 Eßlöffel Teig auf die untere Backfläche gießen, dabei die Paprikawürfel bis an den Rand verteilen. Das Waffeleisen schließen. Die Waffeln nacheinander in je 4–6 Minuten goldgelb backen.

Variante:
Sie können noch 100 g durchwachsenen, sehr klein gewürfelten Speck oder Salami in winzigen Würfeln untermischen.

Knoblauchwaffeln

Zutaten für 10 Waffelplatten:
125 g weiche Butter
4 Eier
¼ l Milch
250 g Mehl
8 Knoblauchzehen
Salz
weißer Pfeffer, frisch gemahlen
2 Eßl. gerösteter Sesam
Öl für das Waffeleisen

Herzhaft

Pro Stück etwa: 840 kJ/200 kcal

Zubereitungszeit: etwa 30 Minuten

1. Die weiche Butter in eine Rührschüssel füllen.

2. Die Eier trennen. Die Eigelbe zur Butter geben und mit den Quirlen des Handrührgerätes schaumig rühren.

3. Abwechselnd die Milch und das Mehl hinzufügen, dabei ständig weiterrühren.

4. Die Knoblauchzehen schälen und durch die Presse in den Waffelteig drücken, untermischen. Den Teig mit Salz und Pfeffer kräftig abschmecken.

5. Die Eiweiße zu steifem Schnee schlagen und mit dem gerösteten Sesam locker unter den Waffelteig heben.

6. Das Waffeleisen auf der mittleren Stufe vorheizen. Dann beide Backflächen mit einem Naturhaarpinsel dünn mit Öl einstreichen. 2–3 Eßlöffel Teig auf die untere Backfläche gießen und das Waffeleisen schließen. Die Waffeln nacheinander in je 4–6 Minuten goldgelb backen.

■ Am besten schmecken die Knoblauchwaffeln ganz frisch und heiß, aber auch kalt kann man sie gut essen.

Käsewaffeln mit Sonnenblumenkernen

Zutaten für 10–12 Waffelplatten:
125 g weiche Butter
4 Eier
1 Prise Salz
250 g Mehl
¼ l Milch
100 g mittelalter Gouda am Stück (ersatzweise Emmentaler oder Gruyère)
3 Eßl. Sonnenblumenkerne
Öl für das Waffeleisen

Deftig

Bei 12 Waffelplatten pro Stück etwa: 1100 kJ/260 kcal

Zubereitungszeit: etwa 1 Stunde (davon 30 Minuten Ruhezeit für den Teig)

1. Die Butter mit den Quirlen des Handrührgerätes cremig rühren. Die Eier und das Salz hinzufügen.

2. Das Mehl während des Rührens nach und nach einstreuen und die Milch unterrühren. Den Waffelteig zugedeckt etwa 30 Minuten stehenlassen.

3. Inzwischen den Käse entrinden und auf der Küchenreibe fein raspeln.

4. Den geriebenen Käse und die Sonnenblumenkerne unter den Waffelteig mischen.

5. Das Waffeleisen auf der mittleren Stufe vorheizen. Dann beide Backflächen mit einem Naturhaarpinsel dünn mit Öl einstreichen. 2–3 Eßlöffel Teig auf die untere Backfläche gießen, dabei die Sonnenblumenkerne bis an den Rand verteilen. Das Waffeleisen schließen und die Waffeln nacheinander in je 4–6 Minuten goldgelb backen.

Variante:
Statt der Sonnenblumenkerne können Sie auch gerösteten Sesam verwenden.

Basilikumwaffeln mit Roquefort

Zutaten für 10–12 Waffelplatten:
50 g weiche Butter
2 Eier
100 g Roquefort
150 g Mehl
¼ l Milch
3 Bund Basilikum
Salz
schwarzer Pfeffer, frisch gemahlen
Öl für das Waffeleisen

Exklusiv

Bei 12 Waffelplatten pro Stück etwa: 630 kJ/150 kcal

Zubereitungszeit: etwa 50 Minuten

1. Die Butter mit den Eiern in eine Schüssel geben und mit den Quirlen des Handrührgerätes schaumig schlagen.

2. Den Roquefort dazubröckeln und weiterrühren, bis eine homogene Masse entstanden ist.

3. Das Mehl darüber sieben, weiterrühren und dabei die Milch dazufließen lassen. Den Waffelteig etwa 20 Minuten quellen lassen.

4. Das Basilikum waschen, trockenschütteln, die Blättchen von den Stengeln zupfen und in sehr schmale Streifen schneiden.

5. Den Waffelteig mit Salz und Pfeffer würzen und die Basilikumstreifen unterheben.

6. Das Waffeleisen auf der mittleren Stufe vorheizen. Dann beide Backflächen mit einem Naturhaarpinsel dünn mit Öl einstreichen. 2–3 Eßlöffel Teig auf die untere Backfläche gießen und das Waffeleisen schließen. Die Waffeln in je 4–6 Minuten goldgelb backen.

Im Bild oben:
Käsewaffeln mit Sonnenblumenkernen
Im Bild Mitte:
Basilikumwaffeln mit Roquefort
Im Bild unten: Knoblauchwaffeln

Buchweizenwaffeln mit Speck

Zutaten für 10–12 Waffelplatten:
150 g Buchweizenmehl
150 g Weizenvollkornmehl
20 g frische Hefe (½ Würfel)
1 Prise Zucker
3/8 l Milch
2 kleine Zwiebeln
1 Eßl. Öl
100 g durchwachsener Räucherspeck
50 g Butter
1 Prise Salz
Öl für das Waffeleisen

Raffiniert

Bei 12 Waffelplatten pro Stück etwa:
840 kJ/200 kcal

Zubereitungszeit: etwa 1 ½ Stunden (davon 50 Minuten Ruhezeit für den Teig)

1. Das Buchweizenmehl und das Weizenvollkornmehl in eine Schüssel füllen und mischen. In die Mitte eine Mulde drücken und die frische Hefe hineinbröckeln. Den Zucker dazugeben. Die Milch lauwarm erhitzen, etwas davon in die Mulde gießen und verrühren. Den Vorteig zugedeckt etwa 30 Minuten gehen lassen.

2. Inzwischen die Zwiebeln schälen, fein hacken und in dem heißen Öl bei mittlerer Hitze anbraten. Den Speck von der Schwarte befreien, klein würfeln, hinzufügen und mit den Zwiebeln gut 5 Minuten braten.

3. Die Butter schmelzen und mit der restlichen lauwarmen Milch und dem Salz zum Vorteig geben. Alle Zutaten zu einem geschmeidigen Teig verarbeiten und die Speck-Mischung untermischen. Den Teig zugedeckt weitere 30 Minuten gehen lassen.

4. Das Waffeleisen auf der mittleren Stufe vorheizen. Dann beide Backflächen mit einem Naturhaarpinsel dünn mit Öl einstreichen. 2–3 Eßlöffel Teig auf die untere Backfläche gießen und das Waffeleisen schließen. Die Waffeln in je 4–6 Minuten goldgelb ausbacken.

Kartoffelwaffeln mit Frühlingszwiebeln

Zutaten für 10–12 Waffelplatten:
3 Frühlingszwiebeln
1 Eßl. Butter
400 g mehligkochende Kartoffeln, zum Beispiel Primura
2 Eier
100 g Crème fraîche
2 Eßl. Mehl
Salz
schwarzer Pfeffer, frisch gemahlen
1 Prise Muskatnuß, frisch gerieben
1 Teel. Paprikapulver, edelsüß
Öl für das Waffeleisen

Preiswert

Bei 12 Waffelplatten pro Stück etwa:
470 kJ/110 kcal

Zubereitungszeit: etwa 30 Minuten

1. Die Frühlingszwiebeln putzen, waschen, trockentupfen und in sehr feine Ringe schneiden. Die Butter in einer Pfanne erhitzen und die Frühlingszwiebeln darin bei schwacher Hitze etwa 3 Minuten braten.

2. Die Kartoffeln waschen, schälen und auf einer Rohkostreibe fein raspeln.

3. Die Eier aufschlagen und mit der Crème fraîche zu den Kartoffelraspeln geben, das Mehl unterrühren.

4. Mit Salz, Pfeffer, dem Muskat und dem Paprikapulver kräftig würzen. Die gebratenen Frühlingszwiebeln zum Teig geben und alles gründlich verrühren.

5. Das Waffeleisen auf der mittleren Stufe vorheizen. Dann beide Backflächen mit einem Naturhaarpinsel dünn mit Öl einstreichen. 2–3 Eßlöffel Teig auf die untere Backfläche gießen und das Waffeleisen schließen. Die Waffeln nacheinander in je 4–6 Minuten ausbacken.

Die Kartoffelwaffeln sind eine raffinierte Beilage zu Fleischgerichten, besonders gut schmecken sie zu Wild. Mit einem Gemüse oder einem Salat kombiniert, ergeben sie aber auch eine komplette Mahlzeit.

Vollkornwaffeln mit grünem Pfeffer

Zutaten für 10 Waffelplatten:
100 g Butter
200 g Weizenvollkornmehl
2 Eier
¼ l Milch
Salz
2 Eßl. grüne Pfefferkörner
250 g Magerquark
5 Eßl. Milch
Zitronensaft
schwarzer Pfeffer, frisch gemahlen
2 Bund Schnittlauch
Öl für das Waffeleisen

Für Ungeübte

Pro Stück etwa: 930 kJ/220 kcal

Zubereitungszeit: etwa 45 Minuten

1. Die Butter in einen Topf geben und bei schwacher Hitze langsam schmelzen. Den Topf vom Herd nehmen und die Butter in eine Schüssel geben.

2. Nach und nach das Mehl, die Eier und die Milch mit der geschmolzenen Butter verrühren, bis ein glatter Teig entstanden ist. Zum Schluß 1 Prise Salz und die Pfefferkörner dazugeben und den Waffelteig etwa 20 Minuten ruhen lassen.

3. Inzwischen für den Schnittlauchquark den Magerquark mit der Milch in einer Schüssel glattrühren. Mit Zitronensaft, Salz und Pfeffer würzen. Den Schnittlauch abbrausen, trockenschütteln und in Röllchen schneiden. Unter den Quark rühren und diesen nochmals abschmecken.

4. Das Waffeleisen auf der mittleren Stufe vorheizen. Dann beide Backflächen mit einem Naturhaarpinsel dünn mit Öl einstreichen. 2–3 Eßlöffel Teig auf die untere Backfläche gießen und das Waffeleisen schließen. Die Waffeln nacheinander in je 4–6 Minuten goldgelb backen.

5. Die Waffeln mit dem Schnittlauchquark servieren.

▪ Dazu passen verschiedene gedünstete Gemüse oder Rettichsalat. Die Vollkornwaffeln schmecken auch gut als Beilage zu Fleischgerichten.

Hackfleischwaffeln mit Parmesan

Zutaten für 10–12 Waffelplatten im Herzwaffelautomat:
1 Zwiebel
1 Eßl. Öl
1 Knoblauchzehe
400 g gemischtes Hackfleisch
1 Eßl. Tomatenmark
Salz
schwarzer Pfeffer, frisch gemahlen
½ Teel. Paprikapulver, edelsüß
1 Teel. Oregano, getrocknet
50 g Semmelbrösel
2 Eier
2 Eßl. Parmesan, frisch gerieben
Öl für das Waffeleisen

Herzhaft

Bei 12 Waffelplatten pro Stück etwa: 680 kJ/160 kcal

Zubereitungszeit: etwa 40 Minuten

1. Die Zwiebel schälen und fein würfeln. Das Öl in einer Pfanne erhitzen und die Zwiebel darin bei mittlerer Hitze glasig braten. Den Knoblauch schälen und durch die Presse dazudrücken.

2. Das Hackfleisch in die Pfanne geben und bei schwacher Hitze unter Rühren krümelig braten. Das Tomatenmark unterrühren. Das Fleisch mit Salz, Pfeffer, dem Paprikapulver und dem Oregano kräftig würzen. Alles etwa 10 Minuten bei mittlerer Hitze dünsten, bis die Flüssigkeit verdampft ist.

3. Die Semmelbrösel, die Eier und den Parmesan unter das Hackfleisch mischen.

4. Das Waffeleisen auf der mittleren Stufe vorheizen. Dann beide Backflächen mit einem Naturhaarpinsel dünn mit Öl einfetten, 2–3 Eßlöffel Teig auf die untere Backfläche geben und nacheinander in je 4–6 Minuten die Waffeln backen.

Tip!
Dazu paßt hervorragend Tomatensalat mit Basilikum:
600 g Tomaten waschen, je nach Größe vierteln oder achteln, dabei den Stielansatz entfernen. Die Tomaten in eine Schüssel geben. 1 kleine Zwiebel schälen, fein würfeln und dazugeben. Aus 3 Eßlöffeln Rotweinessig, Salz, Pfeffer und 3 Eßlöffeln Olivenöl eine Marinade rühren, die Tomaten unterheben und etwa 15 Minuten ziehen lassen. 1 Bund Basilikum waschen, trockenschütteln, die Blättchen abzupfen und zum Tomatensalat geben.

Rezept- und Sachregister

Cornelia Adam
absolvierte nach der mittleren Reife eine Hotelfachlehre. Anschließend ging sie nach England, Frankreich und Spanien, um die Sprachen, aber auch die Landesküchen kennenzulernen. Nach diesen Auslandsaufenthalten fing sie in der Versuchsküche einer bekannten Frauenzeitschrift an, Rezepte zu testen, und setzte diese Tätigkeit später als Redakteurin fort. Seit sieben Jahren schreibt sie erfolgreiche Kochbücher und arbeitet als Foodjournalistin für bekannte Zeitschriften.

Pete A. Eising und Susanne Eising
haben sich ausschließlich auf Food-Fotografie spezialisiert. In ihrem Studio für Lebensmittelfotografie entstehen anspruchsvolle Food- und Getränke-Aufnahmen. Zum Kundenkreis gehören Werbeagenturen und Industrieunternehmen, Zeitschriftenredaktionen und Kochbuchverlage.
An das Fotostudio ist eine Bildagentur mit Sitz in München und der Schweiz angeschlossen, selbstverständlich mit dem Hauptthema Food.
Martina Görlach ist im Studio für die Requisite zuständig und wirkt auch bei der fotografischen Gestaltung mit.

Umschlagvorder- und -rückseite sowie Seite 2: Kai Mewes, München

Genehmigte Lizenzausgabe für Verlagsgruppe Weltbild GmbH, Steinerne Furt, 86167 Augsburg

Redaktion: Birgit Rademacker
Lektorat: Dr. Stephanie von Werz-Kovacs
Typografie: Studio Greif
Rezeptfotos: FoodPhotography Eising, Martina Görlach
Foodstyling: Manuel Reheis
Umschlaggestaltung: kontur : design, Bielefeld
Umschlagmotiv: Dr. Oetker Verlag KG, Bielefeld
Gesamtherstellung: Print Consult, Lochhamer Straße 109, 81477 München

Printed in Germany

ISBN 3-8289-1166-8

2007 2006
Die letzte Jahreszahl gibt die aktuelle Lizenzausgabe an.